Daniel Meier:

Inked – 0,3 mm unter der Haut der Gesellschaft

RabenStück Verlag
– Publisher of Social Affairs –

Daniel Meier

Inked: 0,3 mm unter der Haut der Gesellschaft

Empirische Analyse gesellschaftlicher Diskriminierungs- und Exklusionsprozesse in der Moderne – untersucht am Phänomen der Tätowierung

RabenStück Verlag
– Publisher of Social Affairs –

Bibliografische Information der Deutschen Nationalbibliothek
Die Deutsche Nationalbibliothek verzeichnet diese Publikation in der Deutschen Nationalbibliografie; detaillierte bibliografische Daten sind im Internet über http://dnb.d-nb.de abrufbar.

Bibliographic information published by the Deutsche Nationalbibliothek
The Deutsche Nationalbibliothek lists this publication in the Deutsche Nationalbibliografie; detailed bibliographic data are available in the Internet at http://dnb.d-nb.de.

Information bibliographique de la Deutsche Nationalbibliothek
La Deutsche Nationalbibliothek a répertorié cette publication dans la Deutsche Nationalbibliografie; les données bibliographiques détaillées peuvent être consultées sur Internet à l'adresse http://dnb.d-nb.de.

Informazione bibliografica de la Deutsche Nationalbibliothek
La Deutsche Nationalbibliothek registra questa pubblicazione nella Deutsche Nationalbibliografie; dettagliate dati bibliografici sono disponibili nell' internet per http://dnb.d-nb.de.

Библиографическая информация Немецкой Национальной Библиотеки
Немецкая Национальная Библиотека вносит эту публикацию в Немецкую национальную библиографию; подробные библиографические данные можно найти в интернете на странице: http://dnb.d-nb.de.

Información bibliográfica de la Deutsche Nationalbibliothek
La Deutsche Nationalbibliothek recoge esta publicación en la Deutsche Nationalbibliografie; se puede encontrar los datos bibliográficos en el internet por http://dnb.d-nb.de.

Daniel Meier:

Inked: 0,3 mm unter der Haut der Gesellschaft: Empirische Analyse gesellschaftlicher Diskriminierungs- und Exklusionsprozesse in der Moderne – untersucht am Phänomen der Tätowierung. – Berlin: RabenStück Verlag, 2010

ISBN 978-3-935607-38-4

ISBN 978–3–935607–38–4

Dr. Uwe Großer | Postfach 52 01 15 | 12591 Berlin
Fon: +49 30 56400807 | Fax: +49 3212 RabenSt (7223678)
eMail: Verlag@RabenStueck.de | Web: www.RabenStueck.de

Produktion: RabenStück Verlag. Titel unter Verwendung eines Fotos von Frank Neu, www.soulmining.de (Model: Miriam Walch).

Druck: SDV Direct World GmbH Dresden

Inhalt

Vorwort

Die vorliegende Publikation basiert auf einer Online-Befragung zum Thema „Das Phänomen der Tätowierung in der deutschen Gesellschaft" (vgl. Meier 2008).

Besonders bedanken möchte ich mich bei Prof. Dr. DORIT SING für die fachlichen Diskussionen. Bedanken möchte ich mich auch bei ANTE SERDARUSIC (alias ‚TONCO' - Inhaber des Tattoostudios „FIRST CLASS TATTOOS" Regensburg). Die fachkundigen Gespräche und die Herstellung des Kontakts zu HERBERT HOFFMANN waren zum Erstellen dieser Studie eine große Hilfe. Dem ‚König der Tätowierer', HERBERT HOFFMANN, möchte ich dafür danken, dass er sich viel Zeit für den sehr interessanten Diskurs nahm.

Ebenfalls bedanke ich mich bei MICHAEL LEIBFRIED für die Unterstützung bei der Erstellung der Internetseite, die als Plattform für den Onlinefragebogen diente. Bei KATJA FREGIEN, KATHARINA und CLAUDIA HARTL, FRIEDBERT BARTH, ANDREAS EDENHOFER, ANDREA BRUNSCH, DIETER EHNESS, JOHANNES MERTZ, TONCO, ANDREAS STUTIKA, MICHAEL SCHIECKHOFER, JAN PRESOTTO, ALEXANDRA und GERTRAUD MEIER bedanke ich mich für das Plakatieren. Für die finanzielle Unterstützung zur Durchführung dieser Studie bedanke ich mich herzlich beim FORUM BENEDIKTBEUERN, bei HANNES und GERLINDE BURGER sowie bei KRESZENZ LENZ.

Dem Buchautor und Journalisten CHRISTIAN BÖHM danke ich für das Lektorat.

Der größte Dank gilt CLAUDIA HARTL, die mich seit zehn Jahren in allen Lebensbereichen unterstützt und meine Interessen teilt. Ihre charmante und hilfsbereite Art macht mein Leben umso lebenswerter. Sie war mir eine unverzichtbare Stütze in meiner bisherigen schulischen und beruflichen Laufbahn, insbesondere bei der Erstellung dieser Publikation.

Meinen Eltern GERTRAUD und FRITZ MEIER danke ich dafür, dass sie immer an mich geglaubt und mich beim Erreichen meiner Ziele stets unterstützt haben. Dieses Buch widme ich meiner Großmutter KRESZENZ LENZ sowie meinem verstorbenen Großvater ALOIS LENZ.

„Meine Tätowierungen sind Bilder voller Ausdruck, irgendwo zwischen Vergänglich- und Eitelkeit einerseits und Hoffnung und Zuversicht andererseits, die persönlichste Art von Erinnerung und Bekenntnis, von Trauer und Glück, von Liebe und Enttäuschung. Es sind brillant gestochene Motive und Gurken wider jeder Qualität, doch, c'est la vie, so ist es im Leben, das Gute und das Schlechte, alles gehört dazu, ist ein Teil von uns, macht uns aus und macht uns stärker. Und im Großen und Ganzen sind all die Bilder Ausdruck nicht bloßen Spaßes, sondern wahrer Freude am Leben und der Versuch, Körper und Seele in Einklang zu bringen. Denn nichts ist schwieriger zu beantworten als die Frage: Bist Du Körper oder hast Du Fleisch?

Nichts ist deshalb garstiger als die Herabwürdigung meiner Tätowierungen durch Menschen, die von deren Bedeutung nicht die leiseste Ahnung haben, die selbst den Wert dieser Bilder nicht im Geringsten nachzuempfinden imstande sind. Menschen, die in völliger Unkenntnis über meine Tätowierungen mit mir diskutieren wollen, sich im schlimmsten Falle sogar einbilden, um deren Grund und Zweck zu wissen. Entlarvend ist da schon die Frage ‚Was ist, wenn es dir nicht mehr gefällt?' oder: ‚Was ist, wenn du alt bist?' Wer diese Frage stellt, der hat nichts verstanden."

Unbekannter Autor – wurde in der Rubrik: ‚Hier finden Sie Raum für Anmerkungen zu diesem Fragebogen bzw. um etwas zum Thema Tattoos loszuwerden' dem ausgefüllten Fragebogen angefügt

1 Einleitung

Die Tätowierung[1] gelangte, trotz vieler konträrer Behauptungen, nicht erst nach der Entdeckung der Südseeinseln nach Europa, sondern ist seit mehr als 8.000 Jahren nachweislich Teil der Geschichte (vgl. Finke 1996, S. 32; vgl. dazu auch Kapitel 2.1). Es kann demnach auch in Deutschland von einer ‚Tätowiertradition', die eine Kulturäußerung in sich trägt, gesprochen werden. Diese Tradition wurde über Jahrtausende fortgeführt und war zu keiner Zeit ausgestorben. Doch wurde die Tätowierung in machen Zeitepochen ihrer eigentlichen Funktion, des Ausdrucks von religiösen, kulturellen oder politischen Zugehörigkeiten oder der wahrscheinlich ursprünglichsten Bedeutung, der Abgrenzung des Menschen vom Tier, beraubt (vgl. Finke 1996, S. 49): Die Römer entdeckten die Zwangstätowierung als Eigentumszeichen für Sklaven oder zur Kenntlichmachung von Straftätern oder politischen Antagonisten für sich. Dies wurde von Machthabern der folgenden Jahrhunderte bis zu den Nationalsozialisten übernommen (vgl. Oettermann 1979, S. 104; vgl. Finke 1996, S. 159 f.). Retrospektiv betrachtet könnte die Zwangstätowierung den elementaren Bestandteil der heutigen Stigmatisierungs- und damit verbundenen Exklusionsprozessen gegenüber tätowierten Menschen in sich tragen (vgl. Adatto 1993, S. 38). Unhaltbare wissenschaftliche Untersuchungen, wie die des Gerichtsmediziners Cesare Lombroso, der die These ‚Homo Delinquens'[2] aufstellte, taten ihr Übriges, um die einstige Tradition den Europäern zu entfremden.

1.1 Problemhintergrund

In Zusammenhang mit den Individualisierungs- und Pluralisierungstendenzen in der Moderne (vgl. Beck 1986) ist in Deutschland seit den 1990er Jahren ein Aufblühen der Tätowierung fernab von subkulturellen Bewegungen festzustellen (vgl. Kasten 2006, S. 45). Doch wenn auch heute Tätowierungen aus dem Straßenbild nicht mehr wegzudenken sind, so sind tätowierte Menschen nach wie vor der Stigmatisierung und der Diskrimi-

[1] Unter dem Begriff der Tätowierung wird in dieser Studie das irreversible Einbringen von Farbe in die Haut verstanden. Die Pigmente verbleiben dabei in der Dermis, welche die zweite Hautschicht bildet (vgl. Mohasseb 1994, S. 7).

[2] „Tätowierungen finden sich nicht nur unter Kannibalen, sondern auch in Europa; hier aber nur unter den niedersten Ständen: (...) weit mehr indes unter der Verbrecherklasse" (vgl. Oettermann 1979, S. 64).

nierung ausgesetzt. Mögliche Ursachen dafür können in der Historie der Tätowierung (vgl. Adatto 1993, S. 38) gesehen werden sowie auf veralteten und nachweislich unhaltbaren psychologischen, medizinischen und soziologischen Untersuchungen beruhen (vgl. Kächelen 2004, S. 39 f.).

Trotz der Zunahme individueller Freiheiten und persönlicher Gestaltungsspielräume gelten Tätowierungen somit auch heute noch häufig als ein Zeichen ‚abweichenden Verhaltens' (vgl. Biermann 2007, S. 34 f.). Diese gesellschaftliche ‚Zuschreibung' ist in der Regel mit Benachteiligung, Insultierung und Inferiorität der Betroffenen verbunden. Die hieraus resultierende Exklusion kann darüber hinaus zu einschneidenden/bedeutsamen biografischen Wendungen im Leben tätowierter Menschen führen, wie z. B. zum Verlust der Arbeitsstelle trotz hoher beruflicher Qualifikation (vgl. Feige 2003, S. 412).

Aus den aufgeführten Komplikationen, denen sich exkludierte Menschen stellen müssen, kann der Rückschluss gezogen werden, dass es sich hierbei um gesellschaftlich verursachte Problemlagen handelt. Solchen und ähnlichen Problemen wirkt die Soziale Arbeit im individuellen Bereich normalerweise mit personenspezifischen Hilfen gezielt entgegen. Die Soziale Arbeit ist jedoch nicht nur als Einzelfallhilfe zu verstehen, sondern birgt auch Lösungsstrategien für gesamtgesellschaftliche Fragen in sich, wie diese auch in dem Dual Inklusion/Exklusion zu sehen sind (vgl. Merten 2004, S. 99 f.). Die Soziale Arbeit setzt sich selbst in die Lage, und es ist auch als ihre Zuständigkeit zu sehen, in der modernen Gesellschaft nicht nur auf abweichendes Verhalten zu reagieren, sondern auch auf Restriktionen der Homogenität, der Gerechtigkeit und des Humanismus Antworten zu finden (vgl. Scherr 2004, S. 55).

Da bisher keine wissenschaftlichen Analysen zu der Thematik der Exklusion und Diskriminierung von Tätowierten durchgeführt wurden und kursorisch veraltete Literatur ohne Überprüfung zitiert wird, halten sich die Befangenheiten gegenüber dem Hautstich nicht nur hierzulande beständig (vgl. Kächelen 2004, S. 31). Um die inadäquate gesellschaftliche Behandlung tätowierter Menschen näher zu untersuchen und die Tätowierung vom abweichenden Verhalten abzugrenzen, ist diese Publikation notwendig. Davon ausgehend soll diese Studie dazu dienen, einen weiteren Handlungsraum für die Soziale Arbeit zu erschließen und einer benachteiligten Gruppe unterstützende Hilfe zukommen zu lassen. Dies ist um so mehr von Bedeutung, als die am Phänomen der Tätowierung untersuchten Prozesse der Stigmatisierung, Diskriminierung bis hin zur gesellschaftlichen Exklusion bestimmter Bevölkerungsteile exemplarisch für viele andere Bereiche stehen können, die ein gezieltes Intervenieren der Sozialen Arbeit wichtig erscheinen lassen.

1.2 Zielsetzung

Konkretes Ziel dieser Publikation ist es, durch eine quantitative empirische Untersuchung zunächst die Motivation zu einer Tätowierung aufzuzeigen. Autoren, wie KASTEN (2006, S. 45), sprechen es einem Modetrend zu, dass mittlerweile mehrere Millionen Deutsche eine oder mehrere Tätowierungen tragen. Damit werden tätowierten Menschen Individualität sowie Weitsicht aberkannt. Es wird ihnen unterstellt, die irreversible Entscheidung der Tätowierung zu treffen, einzig begründet durch die sich ständig wandelnde Mode. Aus diesem Grund wird in dieser Studie untersucht, inwieweit in der Moderne die gewollte gesellschaftliche Exklusion, die Mode oder aber andere Motive, die Hauptintention der tätowierten Menschen darstellen.

Zudem soll der Frage nachgegangen werden, ob und welche Arten bzw. Formen der Diskriminierung tätowierte Menschen in Deutschland erfahren. Dieser Aspekt wird um die These ‚der Stigmatisierung durch Stigmatisierte' ergänzt. So könnte sich herausstellen, dass auch tätowierte Menschen selbst Vertretern[3] bestimmter Berufsgruppen das ‚Recht' absprechen, ihre Tätowierungen öffentlich sichtbar zu tragen.

In einem letzten Punkt soll in dieser Studie herausgearbeitet werden, dass tätowierte Menschen in Folge gesellschaftlicher Modernisierungsprozesse nicht mehr überwiegend subkulturellen Gesellschaftsstrukturen angehören[4], sondern dass die Tätowierung selbst zu einem schichten- und milieuübergreifenden Phänomen geworden ist. Der Hautstich verbindet einkommensschwache und wohlhabende Menschen, genauso wie Akademiker und Menschen ohne Schulabschluss. Daraus lässt sich schließen, dass die Tätowierung in allen gesellschaftlichen Schichten und Milieus anzutreffen ist.

---

[3] In dieser Studie wird auf eine gendergerechte Sprache zugunsten einer besseren Lesbarkeit verzichtet. Die männliche Form steht daher gleichberechtigt für beide Geschlechter.

[4] Zu einer gegenteiligen These, nach der Tätowierungen Rückschlüsse auf die jeweilige soziale Herkunft des Trägers zulassen, führten die Arbeiten der Psychologen EARLS und HESTER (vgl. Kächelen 2004, S. 44).

1.3 Aufbau

Die vorliegende Studie ist in vier Kapitel unterteilt. Nach der Einleitung in Kapitel 1 werden in Kapitel 2 relevante sozialwissenschaftliche Theorien, die im Rahmen der Diskussion gesellschaftlicher Stigmatisierungs- und Exklusionsprozesse in der Moderne relevant erscheinen, angeführt. Das Kapitel 3 bildet den empirischen Teil dieser Studie. Nach der Erläuterung der konkreten Zielsetzungen werden das Konzept der empirischen Erhebung sowie das methodische Vorgehen dargestellt. Daran schließt sich die Präsentation sowie Diskussion der Ergebnisse an. Die Publikation endet mit einer Zusammenfassung und einem Ausblick.

2 Sozialwissenschaftliche Auseinandersetzung zu Fragen der Stigmatisierung, Diskriminierung und gesellschaftlicher Exklusion tätowierter Menschen

In diesem Kapitel wird nach einem kurzen Überblick über die Geschichte und Bedeutung von Bodymodifikationen, zu denen die Tätowierung zu zählen ist (vgl. Kapitel 2.1), auf die Theorie gesellschaftlicher Exklusion nach LUHMANN eingegangen (vgl. Kapitel 2.2). Da es sich bei Tätowierungen auch um eine Art ‚Kommunikationssystem' handelt, das zu Inklusion und Exklusion von Gesellschaftsmitgliedern führen kann, wird in diesem Kapitel zudem die Frage vertieft, inwieweit es sich bei Tätowierungen um gesellschaftliche ‚Zuschreibungen' handelt, d. h. inwieweit Tätowierungen als ein von gesellschaftlichen Normen abweichendes Verhalten interpretiert wird und dadurch Vorurteile, Stigmatisierungen bis hin zum gesellschaftlichen Ausschluss entstehen. Aufgrund der Vermutung, dass gesellschaftliche ‚Zuschreibungsprozesse' auch eine Frage unterschiedlicher Generationen sind, wird in Kapitel 2.4 explizit auf Aspekte des sozialen Wandels eingegangen. In Kapitel 2.5 wird schließlich auf der Grundlage des Milieuansatzes belegt, dass in der Moderne nicht mehr von einheitlichen gesellschaftlichen Normen ausgegangen werden kann, sondern Individualisierungsprozesse zu einer Vielzahl unterschiedlicher Lebensstile und Wertvorstellungen geführt haben.

2.1 Gesellschaftliche Normen, Bodymodifikation und ein kurzer Anriss der Geschichte des Tattoos

Der Kulturtheoretiker EFRAT TSEELON ist ein Vertreter der Theorie, dass im Zeitalter kapitalistischer Konsumkultur der Körper selbst zu einem Kulturprodukt geworden ist. Der Körper als Produkt wurde käuflich und ist gesellschaftlichen Strömungen unterworfen. Diese Entwicklung hat zu verschiedensten Methoden geführt, den Körper zu verändern. Während einerseits die Möglichkeit, den Körper zu gestalten, sich zu einem Schönheitswahn – geschürt durch die plastische Chirurgie – entwickelt hat, ergibt sich auch die Obsession, individuelle Lebenserfahrungen, soziale Vorstellungen oder politische Orientierungen auszudrücken (vgl. Stirn 2003, S. 7).

Die Beweggründe zur Bodymodifikation müssen vielleicht differenziert betrachtet werden mit neuzeitlichen Brustvergrößerungen, Fettabsaugungen oder dergleichen, doch sind gezielte Körperveränderungen bis in die frühe Geschichte der Menschheit nachzuweisen. Viele Formen der Bodymodifikation sind durch gesellschaftliche Normen fast alltäglich geworden: Fingernägel schneiden und/oder lackieren, Haare schneiden oder färben, Sport treiben, um eine schlanke, gesunde Figur zu gewährleisten u. v. m. (vgl. Kasten 2006, S. 17 f.). Viele der Bodymodifikationen, wie die Tätowierung, haben eine lange Geschichte und stehen – mitunter wegen dieser – heute im kritischen Blickwinkel der Gesellschaft. Sie waren über Jahrzehnte nur in Subkulturen anzutreffen (vgl. Kasten 2006, S. 44 f.). Aufgrund dieser historisch begründeten Ablehnung der Tätowierung ist es wichtig, sich die Entwicklung der Tätowierung Jahrtausende vor unserer Zeitrechnung anzusehen.

Prähistorische Funde belegen, dass Körperbemalung, etwa zeitgleich mit den Felsenmalereien, die ersten künstlerischen Ausdrücke der Menschen darstellen. Über die Bedeutung dieser Körperbemalung lässt sich nur spekulieren. Fakt ist, dass es neben einigen praktischen Gründen, wie z. B. dem Verteilen von Asche auf der Haut zur Insekten-Abwehr, durchaus auch Anzeichen gibt, welche die Körperbemalung bzw. -modifikation als entwickelte Schönheitsideale und ästhetische Normen beschreiben. Darüber hinaus bekam diese individuelle Bemalung Funktion als Ersatz für Kleidung, zur Tarnung, als Kriegsbemalung oder diente als Zeichen des sozialen Ranges innerhalb einer Gruppe (vgl. Oettermann 1979, S. 12). Herauszustellen ist dabei die Tatsache, dass Lebensabschnitte in bestimmten Kulturen bis in die heutige Zeit durch eine Tätowierung zum Ausdruck gebracht werden, wie beispielsweise das Einsetzen der Menstruation, die Hochzeit, eine Schwangerschaft usw. bei Frauen (vgl. Stirn 2003, S. 7).

Geraume Zeit ging man davon aus, Indien und die Südseeinseln wären die ‚Geburtsorte' der Tätowierung. Forschungen belegen jedoch, dass sich die Tätowierung in den verschiedensten Teilen der Welt partikular und unabhängig voneinander entwickelt hat: „There is some evidence that tattooing was carried out at least as long ago as the Ice Age, i. e. prior to 8.000 B. C. In caves and rock strata in many parts of the world, including France, Portugal, Romania and Scandinavia, bowls have been found which show traces of black and red pigments together with sharp-pointed flints and needles made form reindeer antlers and other bone splinters" (Finke 1996,

S. 32 zit. nach Scutt, Gotch 1974, S. 22). Dieses wissenschaftliche Indiz widerlegt auch die These von Oettermann (1979, S. 21), welcher der Tätowierung vor Entdeckung der Südseeinseln keine relevante Vorgeschichte in Europa zuschreibt. Auch ‚der Mann von Hauslabjoch', besser bekannt als ‚Ötzi', eine ca. 5300 Jahre alte Mumie, bestätigt eine frühe europäische Tattoogeschichte. Sein Körper weist immerhin 57 Tätowierungen auf (vgl. Gaber 1999, S. 42). Zudem trug er eine Tätowiernadel bei sich (vgl. Spindler 1993, S. 126).

Ein weiterer Anhaltspunkt, der die Tätowierung als beliebte Praxis dokumentiert, findet sich in der Kirchengeschichte: Papst Adrian I verbot 787 das Tätowieren für Christen beim Konzil von Calcuth und charakterisierte es als „barbarische Praktik der Wilden" (Stirn 2003, S. 8). Zur Untermauerung nahm er folgenden Vers aus dem dritten Buch Moses: „Ihr sollt keine Male um eines Toten Willen an eurem Leib reißen, noch Buchstaben an euch ätzen, denn ich bin der Herr" (Moses 3/19/28)[1]. Des Weiteren lässt sich aus dem Mose-Vers deduzieren, dass die Tätowierung schon weit vor unserer Zeitrechnung Verwendung fand. Wissenschaftliche Aufzeichnungen und Funde vom Klassischen Altertum bis zur Neuzeit belegen den Hautstich als gängige Praxis. Es kann festgehalten werden, dass das Phänomen Tätowierung eine der ältesten Kulturäußerungen der Menschen darstellt und diese von religiösen, kulturellen und politischen Konstellationen ausgelöst werden (vgl. Finke 1996, S. 40 f.). Darauf aufbauend stellt sich die Frage, warum tätowierte Menschen in der Moderne, die ja gerade durch eine Vielfalt an Lebensstilen und persönlichen Freiheiten gekennzeichnet ist, Exklusion und Diskriminierung ausgesetzt sind.

2.2 Exklusion und Diskriminierung von tätowierten Menschen

Ein wichtiger Vertreter gesellschaftlicher Exklusionstheorien ist Niklas Luhmann. Nach Luhmann entsteht Exklusion durch den Ausschluss bestimmter Menschen aus der Gesellschaft oder aus bestimmten Gruppen, damit die Inkludierten exklusiv unter sich sein können. Ausgehend von der These, dass sich die Gesellschaft nicht aus Menschen zusammen setzt, sondern die Verbindung zwischen Mensch und Gesellschaft von Kommunikationssyste-

[1] Erwähnenswert hierzu ist, dass die Christen den Hautstich lediglich als barbarische Sitte sahen, wenn sie selbst nicht in der Diaspora lebten und sich respektive gerne durch Tätowierungen von anderen Glaubensrichtungen abgrenzten (vgl. Oettermann 1979, S. 14).

men übernommen wurde, bildet sich eine komplexe Umwelt, in welcher der Mensch exkludiert wird, solange er sich nicht der Kommunikationssysteme bedient (vgl. Krause 2001, S. 143). Es müsste demnach angenommen werden, dass jeder Mensch, der sich ausdrückt, und sei es über Dritte, automatisch Teil der Gesellschaft ist. Doch so stellt LUHMANN fest: „Innerhalb der Organisationen[2] und mit ihrer Hilfe lässt die Gesellschaft die Grundzüge der Freiheit und Gleichheit scheitern" (Luhmann 1994, S. 193 zit. nach Krause 2001, S. 144). Chancengleichheit besteht demnach in keiner Gesellschaft, und sei sie noch so sozial und modern. Schon die sich unterscheidenden Ausgangsbedingungen schließen eine Gesellschaft aus, in der jeder dieselben Möglichkeiten und Chancen erhält (vgl. Rawls 2003, S. 73). Doch sind es nicht nur die Ausgangsbedingungen, sondern auch die sich verändernden Parameter in einem Leben, die zur gesellschaftlichen Exklusion führen können.

Eine Tätowierung kann als Kommunikationssystem angesehen werden, das dem Betrachter eindeutige oder auch unverständliche Botschaften überliefern kann. Das ‚Lettering' (ein tätowierter Schriftzug) zählt wohl zu den am wenigsten missverstandenen Tattoomotiven und kann klare Aussagen über den Tätowierten, sein Leben, seine Einstellung etc. liefern. Es kann durchaus behauptet werden, dass gesellschaftliche Exklusion auf Mikroebene schon aufgrund der Aussage des Tattoomotives stattfinden kann. Sollte dies der Fall sein, kann angenommen werden, dass der Träger genau dieses Vorhaben hatte und mit hoher Wahrscheinlichkeit einer subkulturellen Bewegung angehört oder zugeordnet werden will (vgl. Kapitel 2.4), wie dies in der ‚revolutionären' Zeit der 1960er, 1970er und 1980er Jahre oftmals der Fall war (vgl. Feige 2003, S. 132 f.).

In der Moderne ist, wie diese Studie noch aufzeigen wird, davon auszugehen, dass die Tätowierung überwiegend als Körperschmuck dient. Schmuck wird generell getragen, um sich selbst und anderen Menschen zu gefallen. Für den geschmückten Menschen hat dies zur Folge, dass ihm vom Betrachter Anerkennung und Wertschätzung geschenkt wird (vgl. Finke 1996, S. 152). Geht man jedoch von der Diskriminierung und Exklusion tätowierter Menschen aus, so scheint der Hautstich als Körperschmuck eine seiner

[2] Unter Organisationen sind in diesem Kontext soziale Systeme mit privilegierten Mitgliedern zu verstehen, deren Form der Kommunikation die Entscheidung ist. Organisationen können Mitglieder exklusiv aufnehmen und andere ausschließen.

grundlegenden Bedeutungen verloren zu haben und hingegen ein Diametral zu erzeugen. Wenn bei der Vergabe eines Arbeitsplatzes eine Tätowierung konstitutive Gründe für die Ablehnung des Bewerbers liefert oder einer Kündigung eine Tätowierung zugrunde liegt (vgl. Feige 2003, S. 412), so lässt sich genauso von einer Exklusion tätowierter Menschen sprechen, wie bei der öffentlichen Beleidigung einer tätowierten Person aufgrund ihres Hautstiches. Oftmals muss auch im Berufsleben eine nicht von der Kleidung abgedeckte Tätowierung durch ein Pflaster oder einen Verband verdeckt werden oder die Tätowierung durch einen Rubinlaser (vgl. Reuter-Calero Valdez 1984, S. 107) entfernt werden (vgl. Böhne 2009, S. 100). Das aufgezwungene Vortäuschen einer Verletzung sowie die schmerzhafte und narbenverursachende Laserentfernung (vgl. Reuter-Calero Valdez 1984, S. 110) führen nicht nur zur Diskriminierung tätowierter Personen. Beide Methoden widersprechen darüber hinaus dem elementaren Sinn einer Schmucktätowierung an einer sichtbaren Körperpartie (vgl. Hell 1996, S. 14 zit. nach Joest 1887, S. 57).

Die gesellschaftliche Diskriminierung gegenüber tätowierten Menschen erzeugt eine soziale Identität, in der sich die Tätowierten als eine ausgeschlossene Gruppe wiederfinden. Branscombe und Ellemers (1998) zufolge ist der Grad der Identifikation mit der Gruppe, also das Maß der Zugehörigkeit zu den Tätowierten, auch gleichzusetzen mit dem Umgang der Diskriminierung bzw. deren Bewältigung. Identifiziert sich eine Person mehr mit der Gruppe, so erhält sie durch diese einen als Puffer wirkenden Raum. Eine Person, die ein geringeres Maß an Zugehörigkeit aufweist, muss individuelle Strategien entwickeln, um die Diskriminierung zu bewältigen (vgl. Gassl 2008, S. 42 f.). Es ist demnach wichtig, Aufklärung zu betreiben, um der Diskriminierung entgegen zu wirken. Ebenso wichtig ist es, den tätowierten Menschen Raum zu geben, um unter sich zu diskutieren. Ein Fachmagazin, das monatlich erscheint und sich u. a. mit diskriminierenden Pressetexten auseinandersetzt, ist das „Tätowiermagazin: Forum der deutschen Tattoo-Szene". Diskriminierung auf Mikroebene wird in diesem Fachmagazin ebenso diskutiert wie Stigmatisierung tätowierter Menschen auf Makroebene.

Die Diskriminierung auf gesamtgesellschaftlicher Ebene ist vor allem im Bereich der Medienberichte zu finden. Als ein zentrales Beispiel ist hier der Begriff ‚Arschgeweih' zu erwähnen, der von den Medien geschaffen wurde. Dieser Begriff, der das Steißbeintribal beschreibt, stigmatisiert und diskriminiert die Frauen, die sich im Hüftbereich über dem Steißbein tätowieren ließen bzw. lassen. „Das wahre Lexikon der Gegenwart" definiert den Begriff ‚Arschgeweih' wie folgt: „... Die Hörner (über dem Steiß) wurden zum Unterschichtbekenntnis, zum Symbol des ästhetischen Niedergangs, zum Barcode der Verlierer" (Kuhn et al. 2007, S. 20). Die Liste von diskriminierender Literatur oder Medienberichten ließe sich beliebig fortführen.

Wie festgestellt wurde, äußert sich gesellschaftlicher Ausschluss bzw. Exklusion durch die Nichtteilhabe an Kommunikationssystemen. Eine mögliche Ursache dafür könnte in unterschiedlichen Normvorstellungen liegen. So gibt es zahlreiche Hinweise, dass tätowierten Menschen auch noch in der Moderne abweichendes Verhalten zugeschrieben wird.

2.3 Abweichendes Verhalten und Tätowierung

Abweichen ist laut Definition die Differenz zwischen einem Ist- und einem Sollwert. Abweichendes Verhalten beschreibt das Abkommen vom richtigen Weg und kennzeichnet in der Sozialwissenschaft Verstöße gegen allgemein geltende gesellschaftliche Normen. Nach Bellabaum und Braun (1974, S. 78) gilt abweichendes Verhalten als eines der grundlegenden Probleme von sozialem Zusammenleben (vgl. Sidler 1989, S. 56).

Ein theoretischer Zugang zu der Frage, ob Tätowierte aufgrund ihrer Körpermodifikation abweichendes Verhalten aufzeigen, lässt sich von mehreren Seiten beleuchten. Einerseits durch das irreversible Verändern der Hautoberfläche, andererseits durch die Einwilligung in verletzendes Verhalten. Die Frage, ob Tätowierungen eine psychische Störung des tätowierten Menschen als Ursache in sich tragen, kann ebenfalls in die Diskussion des abweichenden Verhaltens mit aufgenommen werden, wie die Assoziation, dass tätowierte Menschen unumgänglich subkulturellen Bewegungen angehören[3].

[3] Die Hautoberfläche wird beim Tätowieren, vergleichbar wie bei einer Schürfwunde (vgl. Friedrich 1993, S. 207), verletzt. Es ist nicht auszuschließen, dass die Motivation zu einem Tattoo nicht nur das Resultat, demnach die Tätowierung in sich trägt, sondern auch der bei der Sitzung auftretende Schmerz oder die damit zusammenhängende Adrenalin-Ausschüttung in Einzelfällen den Hauptgrund darstellt. Legt man dem Masochismus abweichendes Verhalten zugrunde, ist auch die Tätowierung in diesem speziellen Fall dem abweichenden Verhalten zuzurechnen.

Die ehemalige Ministerin für Gesundheit und soziale Sicherung, Ulla Schmidt, nahm sich der Bodymodifikation-Diskussion mit folgender Aussage an: „Kranke Menschen, die gerne gesund wären, müssen sich unfreiwillig Operationen unterziehen, während gesunde Menschen ihre Gesundheit riskieren" (May, Kohnen 2006, S. 2). Setzt man dieses Zitat in Bezug mit der Aussage, die Ulla Schmidt in der Beitragssammlung „Spieglein, Spieglein an der Wand. Zur Diskussion um den Schönheitswahn" gemacht hat, so könnte man der Politikerin unterstellen, dass sie klar zwischen den verschiedensten Formen von Bodymodifikation als normkonform und abweichend differenziert. „Man arbeitet an seinem Körper, aber man verletzt ihn nicht" (May, Kohnen 2006, S. 2). Der Akt am Körper zu arbeiten ist jedoch genauso als Bodymodifikation zu sehen, wie das Anbringen einer Tätowierung. Bodybuilding, Krafttraining sowie Ausdauersport formen den Körper und lassen ihn gesund erscheinen (vgl. Kasten 2006, S. 35 f.). Sie sind daher, sollte es sich nicht um Extremfälle handeln, im Gegensatz zum Tattoo, laut den Aussagen der Bundesgesundheitsministerin nicht als normabweichend einzustufen. Nach Kasten (2006, S. 299) trägt ein „kleines Tattoo" nicht dazu bei, dass ein tätowierter Mensch als „verrückt" angesehen wird. Demnach wird nicht nur zwischen den verschiedenen Formen von Bodymodifikation differenziert, ob abweichendes Verhalten vorliegt, sondern vor allem die Größe bzw. die Häufigkeit spielen eine bedeutende Rolle. Bei der Tätowierung als Körperveränderung geben auch die verschiedensten Tattoomotive (Horror, Biomechanik usw.) (vgl. A4.1 – A4.9) immer wieder Anlass, Studien durchzuführen, um darauf basierend Rückschlüsse auf psychische Krankheiten oder kriminelle Grundzüge zu ziehen (vgl. Kächelen 2004, S. 11).

Abweichendes Verhalten ist immer mit der Existenz gesellschaftlicher Normen und dem Auftreten einer Handlung verbunden. Allgemeingültige Normen regeln die Erwartungen, welche sich an die Menschen in der jeweiligen Gesellschaft richten. Das Missachten dieser Regeln führt zu Sanktionen (vgl. Böhnisch 2006, S. 19). Diese Sanktionen können z. B. eine gesetzliche Verwahrung oder, im Bezug auf Tätowierungen, gesellschaftliche Diskriminierungs- und Exklusionsprozesse beinhalten (vgl. Sidler 1989, S. 58). Ausgehend von der Theorie, die abweichendes Verhalten aufgrund aktueller Normen definiert, ist schließlich eine ‚Etikettierung' von sich nicht normentsprechend verhaltenden Menschen zu erkennen. Die ‚labeling-approach' Theorie besagt darüber hinaus (vgl. Lamnek 2007, S. 223 f.), dass sowohl in gesellschaftlichen Interaktionen als auch in institutionellen Mechanismen selektiv über abweichendes Verhalten geurteilt wird. Eine Handlung kann demnach als normkonform oder auch als abweichend bewertet werden. Beurteilt man einen Jugendlichen immer wieder aufgrund seines abweichenden Verhaltens z. B. im Zusammenhang mit schulischen Leistungen (‚Abschreiben', Nicht-Erstellen der Hausaufgaben; ‚Schuleschwänzen'), so liegt der Gedanke nach dem ‚labeling-approach'-Ansatz nahe, dass er bald anfängt, nach den ihm zugeschriebenen Attributen zu handeln. Er wird deviant, d. h. er passt seine Selbstdefinition an die gesellschaftlichen Vorgaben an (vgl. Böhnisch 1999, S. 63 f.). Solange der ‚abweichende' Mensch noch nicht in polizeiliche oder gerichtliche Verfahren verstrickt ist, liegt es an der eigenen Definition des Einzelnen, ob er sich gegen die gesellschaftliche Meinung durchsetzen kann oder sich dieser unterwirft. Gerade Tätowierungen können für die tätowierte Person spezifische, tiefgreifende Bedeutungen in sich tragen. Vor allem hier ist der Aspekt der Selbst- und Fremdwahrnehmung zu beachten (vgl. Böhnisch 1999, S. 64 f.). Ein Totenkopf kann beispielsweise für die tätowierte Person einen Verarbeitungsprozess einer Verlustsituation in sich tragen (vgl. Kasten 2006, S. 270 f.), aber von Außenstehenden als Zugehörigkeitszeichen zu einer kriminellen Organisation und somit als abweichend gedeutet werden.

Da seit den 1990er Jahren ein ‚Tattoo-Boom' in Deutschland ausgebrochen ist (vgl. Kasten 2006, S. 45), müsste im Hinblick auf die gesellschaftliche Normgebung nach rund 20 Jahren davon auszugehen sein, dass eine Tätowierung lediglich für die älteren Generationen ein Zeichen für deviantes Verhalten darstellt. Wie sich im empirischen Teil dieser Studie noch herausstellen wird (vgl. dazu Kapitel 3), gehen die Assoziationen von einer Tätowierung zu einem Kriminellen, psychisch Kranken oder einer Prostituierten häufig von älteren Menschen aus.

Durch einen Generationenwechsel besteht nach dem Ansatz von Ronald Ingelhart die Möglichkeit, dass die Tätowierung von abweichenden Verhalten weiter abgegrenzt wird und nicht selbstverständlich beim Anblick einer Tätowierung auf eine perverse, delinquente oder kriminelle, abweichende Person geschlossen wird. Die Tätowierung als ‚soziale Revolution' der 1960er, 1970er und 1980er Jahre (vgl. Feige 2003, S. 132 f.) beginnt im Sinne des abweichenden Verhaltens sich zu einer sozialen Evolution (vgl. Krause 2001, S. 18) zu kehren.

2.4 Von der sozialen Dynamik zu den Szenen der Gesellschaft

In der Soziologie ist der Begriff des sozialen Wandels einer der fundamentalen. Ausgehend vom Grundgedanken, dass die Ordnung des sozialen Lebens nicht in gottgegebenen Prozessen abläuft, sondern Eigengesetzlichkeit besitzt und von den Menschen variiert und konstruiert werden kann, bezeichnet dies die Selbstorganisation humanistischen Handelns (vgl. Jäger, Meyer 2003, S. 15). Die Soziale Evolution lässt in der Moderne durchaus komplexere Zusammenhänge erkennen, wie beispielsweise Jürgen Habermas aufzeigt. Habermas legt zur Erklärung des sozialen Wandels in der Moderne einen zweistufigen Gesellschaftsbegriff an: aus der Binnenperspektive der Teilnehmer erscheint die Gesellschaft als Lebenswelt sozialer Gruppen, zugleich aber aus einer Beobachterperpektive durch die funktionale Vernetzung von Handlungsfolgen als System (vgl. Jäger, Meyer 2003, S. 167). Es geht immer um dieselbe Gesellschaft, aber die Begriffe System und Lebenswelt bezeichnen je eine andere Perspektive. Darüber hinaus stellt Habermas fest, dass die Lebenswelt in der Moderne im Bezug auf die gesellschaftliche Bedeutung zunehmend einen zurückgestellten Charakter annimmt, insofern „die Lebenswelt, die mit einem wenig ausdifferenzierten Gesellschaftssystem zunächst koextensiv ist, immer mehr zu einem Subsystem unter anderen herabgesetzt wird“ (Habermas 1981, S. 230). Hieraus folgert er eine gewisse Dominanz systemischer Zusammenhänge, welche somit das soziale Zusammenleben beeinflussen, wenn nicht sogar steuern. Weiter beschreibt er in seiner Theorie, dass sich die Moderne durch das gesellschaftliche Bestreben nach Verrechtlichung, Pedanterie und durch die Suche nach finanziellem Profit definiert. Religiöse und spirituelle Lebensweisen, so lässt diese Theorie annehmen, sind im Zuge einer zunehmenden kapitalistischen Grundorientierung kontinuierlich in den Hintergrund geraten. Daraus ergibt sich eine ansteigende Dominanz funktional stabilisierter Systeme. Folglich verliert die Lebenswelt weiter an Bedeutung. Habermas spricht provokativ von einer Kolonialisierung der Lebenswelt durch systemische Imperative, weil diese wie Kolonialherren von außen in eine Stammesgesellschaft eindringen und Assimilation erzwingen (vgl. Habermas 1981, S. 522). Der Modernisierungsprozess ist nicht kalkulierbar und birgt neben Innovationschancen auch enorme Risiken in sich. Eine nicht oder nur teilweise geglückte Modernisierung kann durch Komplikationen bei Integrationsprozessen gekennzeichnet sein (vgl. Jäger, Meyer 2003, S. 170).

Wie diesePublikation noch aufzeigen wird, trägt die Tätowierung eine Individualisierung in sich (vgl. Tab. 25), welche nur vereinzelt den gesellschaftlichen Ausschluss zum Ziel hat. Im Bezug auf HABERMAS' Theorie, ist darauf aufbauend auch in der Moderne von einem erschwerten Integrationsprozess nach dem Tätowieren auszugehen. Des Weiteren kann abgeleitet werden, dass die persönliche Bedeutung des Tattoomotives für das Individuum eine gewollte spirituelle Bedeutung in sich trägt, doch die gesellschaftliche Akzeptanz durch die Aversion vom Spirituellen einen weiteren Abneigungsprozess gegen die tätowierte Person mit sich bringt. Es stellt sich demnach die Frage, ob die Tätowierung eine Reaktion des gesellschaftlichen Ausschlusses ist, ob also die tätowierten Menschen Anhänger von subkulturellen Bewegungen sind, oder ob die Tätowierung selbst in manchen Fällen zu einer Exklusion führt, wie dies HABERMAS' Theorie auch auf dem Feld der Tätowierung bestätigen würde.

Ausgehend von der Nutzung der Tätowierung zur Symbolisierung für die Zugehörigkeit zu einem Stamm oder Clan in früheren Gesellschaften (vgl. Bischof 2006, S. 30) ist konträr hieraus zu folgern, dass sie auch die Abgrenzung von anderen Gesellschaften zum Ziel hatte. Wie sich in dieser Publikation noch zeigen wird, ist die Tätowierung auch in der Moderne vereinzelt als Symbol der Selbststigmatisierung, demnach als Zugehörigkeitszeichen zu Subkulturen, zu sehen (vgl. Tab. 36)[4].

„Subkultur ist ein Teil einer konkreten Gesellschaft, der sich in seinen Institutionen, Bräuchen, Werkzeugen, Normen, Wertordnungssystemen, Präferenzen, Bedürfnissen usw. in einem wesentlichen Ausmaß von den herrschenden Institutionen etc. der jeweiligen Gesamtgesellschaft unterscheidet" (Schwendter 1973, S. 11). Differenziert wird zwischen progressiver- und regressiver Subkultur. Progressive Gruppierungen haben zum Ziel, den gegenwärtigen Stand der Gesellschaft zu verändern und weiterzuentwickeln. Regressive Szenen hingegen hängen an dem Vergangenen und wollen obsolete Werte und Normen wieder in der Gesellschaft verankern (vgl. Schwendter 1973, S. 37). Grundsätzlich gilt es herauszustellen, dass es sich bei dem Begriff der progressiven Subkultur um keine Negation handelt, sondern durch subkulturelle Bewegungen Ansichten und Werte, neu definiert bzw. auch neu gegründet werden (vgl. Schwendter 1973, S. 11).

---

[4] In dieser Publikation wird auf eine Vollständigkeit aller subkulturellen Szenen verzichtet.

Laut Luhmann stellen die Szenen der Gesellschaft sowie der damit verbundene Wandel ein evolutionäres Erfordernis dar, um ein angepasstes Leben an die sich ändernden Bedingungen zu ermöglichen (vgl. Schmidt-Wellenburg 2005, S. 118). Da darüber hinaus die alten Werte nicht gänzlich in Vergessenheit geraten und immer wieder neu aufblühen, ist von einem Werteverfall durch die Gegenbewegung nicht zu sprechen; vielmehr handelt es sich um einen Wertewandel bzw. sogar um einen Wertegewinn, der sich als Pluralismus auch bereichernd auf die Gesellschaft auswirken kann (vgl. Duncker 2000, S. 93).

In der Moderne werden der regressiven Gegenkultur vor allem politische Extremisten oder Sträflinge zugeschrieben, die durch ihre spezifischen Tätowierungen eine soziale Inklusion in die jeweilige Gruppe erreichen und zugleich die Exklusion aus der Gesellschaft, demnach die Selbststigmatisierung, zum Ziel haben (vgl. Baumann 2006, S. 27). Ähnlich begegnen Jugendliche durch das Tattoo dem Prozess des Erwachsenwerdens: Einerseits wollen sie damit eine gewisse Risikobereitschaft zum Ausdruck bringen und Teil der „schnelllebigen Spaßgesellschaft" werden (Baumann 2006, S. 25), andererseits protestieren sie damit als progressive Gegenkultur gegen bestehende Normen (vgl. Baumann 2006, S. 28). Wie bereits erwähnt, sind die Motivationen zur Tätowierung so individuell wie der Mensch selbst und es wäre nur oberflächlich betrachtet, würde man Mitgliedern von Gegenkulturen oder Jugendlichen aberkennen, dass sie als reines Zugehörigkeitszeichen Tätowierungen tragen. Sicherlich mag das für Einzelne zutreffen, doch zeigt u. a. Rech, dass es eine Vielzahl weitgreifender individueller Faktoren und Motivationen für eine Tätowierung gibt: „Er (der kreative Jugendliche) fühlt sich nämlich von seinem Inneren her gezwungen, den labilen Zustand der Jugend in einer künstlerischen Gattung symbolisch auszudrücken" (Rech 1984, S. 153)[5].

Zusammenfassend lässt sich demnach sagen, dass die Tätowierung in der sozialen Dynamik der Gesellschaft durchaus als Zeichen von Subkulturen gesehen werden kann, jedoch der Hautstich nicht Rückschluss auf eine Zugehörigkeit zu einer Gegenbewegung gibt. Vielmehr sind in der heutigen Gesellschaft verschiedenste Szenen, Sub- und Gegenkulturen oder Gruppen zu finden, die sich aus gesellschaftlichen Differenzierungsprozessen in der

[5] Ein Versuch die verschiedenen Gründe für eine Tätowierung einzuordnen, findet sich im Kapitel 3.3.3.1 dieser Publikation.

Moderne entwickelt haben. Gerade die Diskussion um verschiedene Lebensstile und unterschiedliche Wertvorstellungen im Rahmen des Milieu-Ansatzes seit den 1970er Jahren (vgl. Bremer 2007, S. 118), bringt die Pluralität von Einstellungen und Verhaltensweisen der Gesellschaftsmitglieder zum Ausdruck. Als bekanntester Vertreter dieses Ansatzes ist das Institut Sinus Soziovision zu nennen.

2.5 Sinus-Milieus von Jugendlichen

Die Sinus-Milieus können als Ergebnis von 25 Jahren sozialwissenschaftlicher Forschung betrachtet werden. Das Institut Sinus Soziovision hat es sich zur Aufgabe gemacht, die Lebenswelt der deutschen sowie anderer Gesellschaften zu analysieren und somit eine Kategorisierung auszuarbeiten, welche Menschen mit ähnlichen Werteorientierungen und Lebensweisen in bestimmte Gruppen zuordnet. Der Hauptunterschied zu den herkömmlichen Ansätzen zur Beschreibung gesellschaftlicher Sozialstrukturen ist darin zu sehen, dass Sinus das gesamte Bezugssystem des Menschen berücksichtigt: Alltagseinstellungen zur Familie, zur Arbeit, zur Freizeit, zu den Medien, zum Geld, und zum Konsum werden ebenso einbezogen wie die soziale Lage (vgl. Wippermann, Calmbach 2007, S. 9).

So gliedert Sinus Soziovision die Gesellschaft ‚bildlich' gesprochen nicht nur vertikal in Abhängigkeit vom Bildungstand, dem Einkommen und der Berufsgruppe, sondern berücksichtigt auch auf einer ‚horizontalen Achse' unterschiedliche gesellschaftliche Grundorientierungen. Vereinfacht und noch ohne Bezug auf die einzelnen Milieus zu nehmen ist festzustellen, dass am linken Rand die traditionelle Wertorientierung zu finden ist, während am rechten Rand moderne Einstellungen (z. B. Individualität und Kreativität) zum Ausdruck kommen. Je höher ein Milieu angesiedelt ist, gibt es Auskunft über höhere Bildung, eine höhere Berufsgruppe und ein höheres Einkommen der zugeordneten Menschen.

Die Abbildung der Milieus der gesamten deutschen Bevölkerung unterscheidet sich dabei von denen der Jugendlichen (vgl. dazu Wippermann, Calmbach 2007, S. 114). Horizontal ist das Diagramm der Jugendlichen bis 19 Jahren, welches in dieser Studie als Anlehnung dient, in fünf Abschnitte gegliedert, vertikal in drei (vgl. Abb. 1). Der prägnanteste Unterschied an der Gliederung des Diagramms der Jugendlichen im Vergleich zur gesamten Bevölkerung ist, dass ausschließlich der Bildungsgrad als Indikator für die

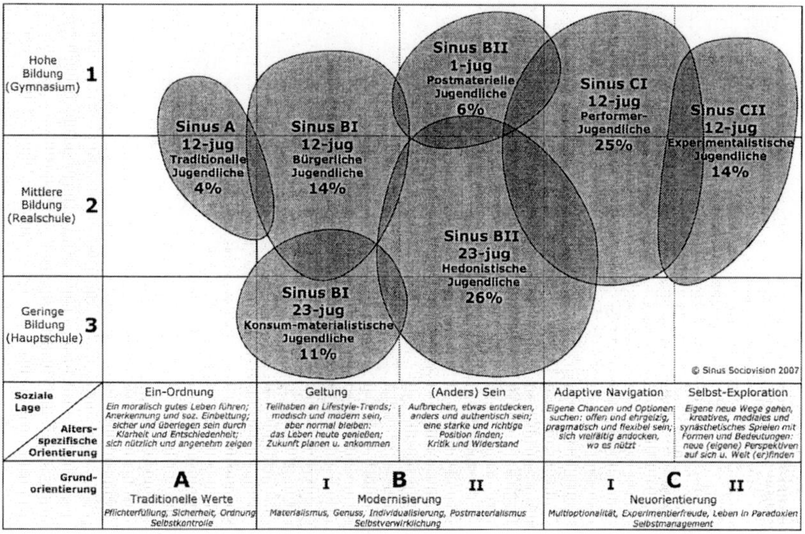

Abbildung 1: Lebenswelten von Jugendlichen 14–19 Jahre (Quelle: Wippermann, Calmbach 2007, S. 114)

soziale Lage dient (vgl. Wippermann, Calmbach 2007, S. 9 f.). Die Überlappungen zwischen den Lebenswelten zeigen die Wechseltendenzen der Jugendlichen zwischen den einzelnen Milieus. Verglichen mit den Überlappungen der Grafik der Erwachsenen nehmen sie einen flächengrößeren Raum ein, da bei Jugendlichen durch das Heranwachsen, besonders aber durch die Pubertät, ein häufiger Wechsel zwischen benachbarten Typen vorzufinden ist (vgl. Wippermann, Calmbach 2007, S. 115).

Betrachtet am soziokulturellen Kern dessen, was Jugendliche bewegt, zeigen sich prägnante Unterschiede, welche die Milieuzugehörigkeit bzw. die Milieutendenz festlegen.

Die Gruppe der Traditionellen (Sinus A 12) zeichnet sich durch die Absicht, ein beruflich aussichtsreiches Leben zu führen und Verantwortung zu übernehmen aus. Darüber hinaus stellt eine Familiengründung, die soziale Anerkennung sowie die soziale Einbettung ein erklärtes Ziel dieses Typs dar. Weiter ist für diese Milieutendenz wichtig, sich zuverlässig und dominierend in Bezug auf Entscheidungen zu zeigen, in der Gesellschaft als nutzbringend zu gelten und beliebt zu sein.

Der Milieutyp der Bürgerlichen (Sinus BI 12) lebt im Zwiespalt zwischen dem momentanen Genuss und dem Bedacht auf eine geregelte Zukunft. Dies zeigt, dass die Mitglieder dieser Tendenz einerseits an den Lifestyle-Trends teilhaben wollen, aber ihnen auch materielle und soziale Geborgenheit wichtig ist. Modern zu sein ist ein wichtiger Faktor, der jedoch nicht vom Normalen abheben soll. Die Mitglieder des bürgerlichen Typs wollen beruflich erfolgreich sein und dafür auch Leistung bringen, um sich ein abgesichertes Leben aufbauen zu können.

Konsum-Materialisten (Sinus BI 23) sind auf der ständigen Suche nach Akzeptanz, Anerkennung und Verbündeten. Dieses Ziel versuchen sie auch durch plakatives Zeigen von Modemarken zu erreichen. Sie kämpfen mit der Ausgrenzung durch Schulfreunde und wollen sich schnell selbst versorgen und ihr Leben organisieren, da sie sich oftmals nicht auf ihre Eltern in Bezug auf emotionale Zuwendung und finanzielle Mittel verlassen können.

Den Typus Sinus BII 1 bilden die Postmateriellen. Diese Milieutendenz kennzeichnet das Attribut des ‚Aufbrechens'. Postmaterialisten wollen die Distanz zu althergebrachten Positionen, Gesetzen oder Werten und suchen nach neuen Denkformen, in denen sie selbst sein können und dabei eine starke Position einnehmen.

Die Hedonisten finden sich in der Sinusgrafik in der Kategorie Sinus BII 23 und sind bezeichnend durch das Schwanken zwischen der Selbst- und Fremdbestimmung. ‚Sich nicht verbiegen lassen' könnte man als ihren Leitsatz einstufen.

Die modernen Performer (Sinus CI 12) sind durch das Bestreben ein Ziel immer als Erster zu erreichen charakterisiert. Dabei sind sie stets darauf bedacht, sich keine Möglichkeiten zu verbauen, sondern stets flexibel reagieren zu können. Sie nutzen die Beziehungen zu ihnen bekannten Menschen und modellieren Gegebenheiten so, dass sie für sie passend erscheinen.

Experimentelle Jungendliche (Sinus CII 12) wollen fremde Selbsterfahrungen machen. Ihre Kreativität hilft ihnen dabei, Logiken zu umgehen und neue Wege zu betreten. Sie wollen ihre eigene Sicht auf sich selbst und auch auf die Welt finden (vgl. Wippermann & Calmbach 2007, S. 116 f.).

Nach Ergebnissen von Sinus Sociovision sind tätowierte Jugendliche insbesondere der Gruppe der ‚Konsummaterialisten' zuzurechnen (vgl. Ebertz 2009, S. 7). Wie die folgenden eigenen empirischen Analysen jedoch insbesondere für die Jugendlichen zeigen werden, sind Tätowierungen ein Phänomen, das ‚quer' durch alle soziale Schichten und Milieus anzutreffen ist (vgl. dazu ausführlich Kapitel 3.3.3.4).

Resümierend kann festgehalten werden, dass auch in der Moderne – trotz der Zunahme individueller Gestaltungs- und Entscheidungsspielräume – gesellschaftliche Zuschreibungsprozesse stattfinden, die zu einer Stigmatisierung bzw. Diskriminierung tätowierter Menschen führen. Der Ausschluss tätowierter Menschen kann dabei aus historischen Entwicklungen abgeleitet werden, die scheinbar immer noch gesamtgesellschaftliche Vorstellungen und Normen prägen. Dies äußert sich nicht zuletzt darin, dass gängige Ansätze zur Erklärung von Subkulturen für dieses Phänomen nicht mehr ausreichen. Vielmehr zeigt sich ein Widerspruch darin, dass trotz schicht- und milieuübergreifender Etablierung des Phänomens der Tätowierung – wie insbesondere im Folgenden noch zu zeigen sein wird – gesellschaftliche Ausschlussprozesse bestehen. Dies kann mit dem Habermaschen Ansatz zur Erklärung sozialen Wandels erläutert werden, indem die Lebenswelt in die Subkonstitution eingebettet ist und somit das System letztlich die Lebenswelt(en) determinieren.

3 Empirischer Teil: Die Tattoo-Befragung

In Kapitel 3 erfolgt nun der empirische Teil dieser Studie. Dazu wird zunächst die Zielsetzung der quantitativen Online-Befragung kurz dargestellt (vgl. Kapitel 3.1). Anschließend wird das methodische Vorgehen verdeutlicht (vgl. Kapitel 3.2), indem die Planung und Durchführung, das Erhebungsinstrument sowie die Aufbereitung der Ergebnisse insbesondere zur Untersuchung von Milieus vorgestellt werden. Daran schließt sich die Präsentation der Ergebnisse an (vgl. Kapitel 3.3), die anschließend in einem eigenen Kapitel zusammenfassend diskutiert werden (vgl. Kapitel 3.4).

3.1 Zielsetzung der empirischen Erhebung

Wie bereits in der Einleitung erläutert, fokussiert der empirische Teil dieser Studie auf die Beantwortung folgender Fragestellungen:

1. Welche Motive bzw. aus welcher Motivation heraus lassen sich heute Menschen eine Tätowierung anfertigen?
2. Inwieweit haben Tätowierte schon einmal in ihrem Leben aufgrund ihrer Tätowierung Stigmatisierung, Diskriminierung bzw. gesellschaftliche Exklusion erfahren?
3. Gibt es auch innerhalb der Gruppe tätowierter Menschen Stigmatisierung oder Diskriminierung, indem beispielsweise bestimmten Berufsgruppen das ‚Recht auf Tätowierung' abgesprochen wird?
4. Sind tätowierte Personen in allen gesellschaftlichen Milieus zu finden?

Zur Beantwortung dieser vier Fragestellungen wurde ein (teil-) standardisierter Onlinefragebogen entwickelt, der zwischen dem 21. Dezember 2008 und 21. März 2009 im Internet verfügbar war. Im Folgenden wird auf das methodische Vorgehen näher eingegangen.

3.2 Methodisches Vorgehen

3.2.1 Planung und Durchführung

Um eine möglichst hohe Fallzahl zu erreichen und aus allen Bundesländern Antworten zu erhalten, fiel der Entschluss, einen Onlinefragebogen zu entwickeln. Darüber hinaus bietet die Online-Befragung den Vorteil der absoluten/vollständigen Anonymität (vgl. Theobald 2000, S. 19), der beim gewählten Thema uneingeschränkte Priorität zuzurechnen war. Weitere Vorteile sind in der geringen finanziellen Belastung und im Ausschluss des Interviewers als Fehlerquelle zu sehen (vgl. Atteslander 2008, S. 147). Dass es sich bei der Online-Befragung um eine sehr aktuelle Form der Sozialforschung handelt, lässt sich daran erkennen, dass Google im Februar 2008 erstmals eine neue Funktion des Fragebogengenerators mit angeschlossenem Server zur Antwortspeicherung vorstellte. Hieraus lässt sich auch folgern, dass sich diese junge Form der Befragung mittlerweile etabliert hat (vgl. Kruckartz et al. 2009, S. 107; vgl. Welker, Matzat 2009, S. 33).

Um möglichst wirtschaftlich mit den begrenzten finanziellen Mitteln zu arbeiten (vgl. Hollaus 2007, S. 43), fiel die Wahl für das Befragungsprogramm auf die Software „Grafstat Version 3.49 Ausgabe 2007/8". Bei diesem Programm handelt es sich um eine Studenten- und Schülerversion, die als Freeware kostenlos zu beziehen ist. Mit dem Programm lässt sich eine Umfrage erstellen, welche auf eine Homepage hochgeladen wird. Die gewonnenen Daten werden auf dem Server der Universität Münster gespeichert und können mit Hilfe eines Passworts wieder in das Grafstat-Programm importiert werden.

Um einen möglichst einfachen Namen, der auch direkten Bezug zum Thema aufweist, zu wählen, erhielt die Homepage folgende Adresse: www.tattoo-befragung.de und ging am 21. Dezember 2008 online. Jeder Nutzer mit einem Monitor ab 16 Zoll kann durch die gewählte Auflösung von 800x600 Pixel die Internetseite ohne lästiges Scrollen überblicken (vgl. Baumgart 2000, S. 36). Die Homepage gliedert sich in fünf Kategorien. Auf der ‚Home-Seite' finden sich kurze Informationen zum Projekt und ein Link zu der ‚Fragebogen-Seite', auf der sich das Erhebungsinstrument befindet. Für detailliertere Informationen zur Studie wurde die Seite ‚Projektbeschreibung' in die Homepage eingegliedert. In der Kategorie ‚Vita' erschien es wichtig, den Projektleiter vorzustellen, um eine Glaubhaftigkeit bzw. Vertrauen bei den befragten Personen, die sehr persönliche Daten preisgeben sollten, zu erzielen. Die Seite ‚Impressum' zeigt die Daten des Verantwortlichen und ist rechtlich vorgegeben.

Beim Design des Internetauftritts wurde bewusst darauf geachtet, dass ein einheitliches Logo sowohl auf der Homepage als auch auf den Werbe-

Abbildung 2: Logo

plakaten dieser Forschung zu finden ist. Das Markenzeichen zeigt eine Tattoomaschine in den steril verpackten Händen eines Tätowierers (vgl. Abb. 2). Die getragenen Handschuhe symbolisieren ein professionelles Arbeiten und die Tätowiermaschine stellt einen direkten Bezug zum behandelten Thema her. Das Logo findet sich auf allen fünf bereits vorgestellten Seiten in verschiedenen Farben, die in Anlehnung an die Pop-Art Collagen von Andy Warhol gewählt wurden. Dies symbolisiert die Moderne und stellt auch den aktuellen Bezug zwischen Tattoo und Kunst her. Um das Forschungsprojekt über die Plakataktion hinaus auch im Internet zu bewerben, wurden kurze Anschreiben mit einem Link zur Homepage in verschiedenen Gruppen und Foren erstellt. Dies wird als „Multi-Link-Methode" (Theobald 2000, S. 31) bezeichnet. Es war zu beobachten, dass die Mitglieder dieser Foren in weiteren Internet-Communitys auf die Online-Befragung aufmerksam machten und sich die Onlinewerbung zu einem Selbstläufer entwickelte.

Die Werbeplakate wurden zum 2. Januar 2009 an 15 durch Microsoft Excel 2007 zufällig ausgewählte Tätowierstudios, die der Deutschen organisierten Tätowierer e. V. (DOT) angehören, verschickt. Darüber hinaus wurden in verschiedenen Städten, darunter auch in der Bundeshauptstadt Berlin, Plakate an öffentlichen Plätzen angebracht und das Projekt beworben (vgl. Abb. 3).

Abbildung 3: Werbeplakat

Ein gelungenes Plakatdesign zeichnet sich durch das Herstellen einer psychologischen Verbindung zwischen Plakat und der zu bewerbenden Person aus (vgl. Zankl 1969, S. 139). Deshalb wurde bei der Plakatgestaltung auf klare Kontraste zwischen schwarzem Hintergrund und weißer Schrift (vgl. Radtke et al. 2001, S. 77) geachtet. Der Schriftzug ‚tattoo-befragung.de' zeigt schon bei flüchtigem Blick das Thema des Projekts auf und weist auf eine Internetbefragung hin. Die Überschrift ‚Stell dich der Wissenschaft!' wurde bewusst als Aufforderung formuliert und sollte auf die Wichtigkeit des Themas aufmerksam machen.

In der Zeit vom 21. Dezember 2008 bis zum 21. März 2009 wurden 2.733 Datensätze gewonnen, die anschließend mittels GRAFSTAT und SPSS überwiegend quantitativ ausgewertet wurden.

3.2.2 Das Erhebungsinstrument

Der Onlinefragebogen wurde anhand von den zuvor ausgewählten Zielinhalten entwickelt. Ein Experteninterview mit ANTE SERDARUSIC (Inhaber des Tattoostudios FIRST CLASS TATTOOS in Regensburg) und ein weiteres Interview mit HERBERT HOFFMANN, dem ältesten Tätowierer der Welt, halfen die Richtigkeit der themenspezifischen Fragen zu gewährleisten (vgl. Kaase 1999, S. 24). Darüber hinaus wurde vor der Erstellung des Fragebogens Literatur gesichtet, um thematisch relevante Aspekte mit einbeziehen zu können. Demnach wurde auf quantitative und qualitative Übereinstimmung des Ergebnisinstruments mit dem Forschungsziel geachtet (vgl. Porst 2008, S. 15).

Zur Beantwortung der Forschungsfragen wurde ein Fragebogen mit 86 – teils quantitativ-geschlossenen (= standardisierten), teils qualitativ-offenen – Fragen formuliert (vgl. Kurckartz et al. 2009, S. 32). Der Umfang des Fragebogens weist darauf hin, dass neben den vier in Kapitel 3.1 genannten Fragestellungen auch weitere Fragestellungen berücksichtigt wurden; beispielsweise auch die Entscheidungskriterien zur Wahl des Tätowierers. Dem Fragebogen ist ein kurzer Einführungstext vorausgestellt (vgl. Theobald 2000, S. 76), der den Autor des Fragebogens vorstellt und das Vorhaben beschreibt. Besonders betont wird in diesem Text, dass die Teilnahme für die Befragten kostenlos und anonym verläuft (vgl. Theobald 2000, S. 64; vgl. Atteslander 2008, S. 147). Des Weiteren ist eine ungefähre Zeitdauer für das Ausfüllen des Onlinefragebogens angegeben. Wie bereits im Kapitel 3.2.1 beschrieben, ist auch die Titelseite des Fragebogens mit dem Logo der Befragung versehen, mit dem Ziel das Interesse bei der zu befragenden Person zu wecken (vgl. Porst 2008, S. 34). Besonders sollte hier herausgestellt werden, dass das vorgegebene Design des GRAFSTATprogramms der Gestaltung der Homepage angepasst wird um zu verhindern, dass der Befragte beim Anklicken des ‚Fragebogen-Buttons' ‚das Gefühl ereilt', auf einen anderen Server umgeleitet zu werden. Dies sollte eventuellem Misstrauen vorbeugen. Auch wird am Ende des Fragebogens auf den Autor des Fragebogens verwiesen und durch eine eMail-Adresse die Möglichkeit des Kontakts gegeben (vgl. Porst 2008, S. 35). Weitere Hinweise zum Ausfüllen des Fragebogens entfielen, da bei eventuellen Mehrfachwahlmöglichkeiten dies in der jeweiligen Frage mit angegeben wurde. Bei den Fragen selbst wurden, aufgrund des zu erwartenden Rücklaufs, überwiegend geschlossene Fragen verwendet, um den Arbeitsaufwand an die Personalsituation für die Auswertung anzupassen. Die Antwortmöglichkeiten der geschlossenen Fragen liegen dem Befragten in geordneter Form vor, so dass die befragte Person lediglich die bevorzugte Antwortkategorie auswählen musste (vgl. Atteslander 2008, S. 136). Weiterhin wird im Fragebogen zwischen drei verschiedenen Identifikationstypen der geschlossenen Fragen unterschieden[1]. Auf eine weitere Antwortmöglichkeit außerhalb der vorgegebenen Kategorien, die eine Mischung aus geschlossener und offener Frage darstellt, wurde aus Gründen der Lenkung verzichtet (vgl. Porst 2008, S. 67). Offene Fragen werden lediglich bei Fragen, die nicht kategorisierbar sind oder bei denen eine exakte individuelle Angabe von Nöten ist, verwendet (vgl. Porst 2008, S. 51 f.). In offenen Fragen kann der Befragte seine Antwort völlig frei und gemäß seinen Vorstellungen in Bezug auf Vollständigkeit formulieren (vgl. Atteslander 2008, S. 136). Die Fragensukzession wird so gewählt, dass im ersten Abschnitt lediglich Fragen zum Thema ‚Tätowierung' gestellt wurden. Der zweite Abschnitt beschäftigt sich mit der befragten Person selbst. Diese Gliederung wurde so gewählt, da die meisten Personen den Fragebogen der Reihe nach beantworten (vgl. Porst 2008, S. 133) und ein direkter Einstieg in die eigentliche Thematik das Interesse der Befragten erhöht. Der zweite Teil dient vor allem dem Erstellen des Milieumodels (vgl. dazu Kapitel 2.5 sowie ausführlich Kapitel 3.3.3.4) und beschäftigt sich hauptsächlich mit den Wertevorstellungen, der Schulbildung oder der Zugehörigkeit zu Subkulturen der befragten Person. Auch wird hier nach Geschlecht, Einkommen und Alter gefragt.

[1] Es wird der ‚Identifikationstyp' (z. B. bei der Frage nach der Szenenzugehörigkeit), der ‚Selektionstyp' (z.B. bei den Wertekategorien) und der ‚Ja-Nein-Typ' bei der Frage nach stattgefundener Diskriminierung unter den geschlossenen Fragen unterschieden (vgl. Atteslander 2008, S. 138).

3.2.3 Aufbereitung der Ergebnisse

Da das Kollektiv, also die Population aller tätowierten Menschen in Deutschland nicht erfasst werden kann, ist bei dieser Studie von einer willkürlichen Stichprobe auszugehen. Darum werden im Folgenden Statistiken erarbeitet, die Rückschlüsse auf das Kollektiv zulassen (vgl. Heller, Rosemann 1981, S. 93; vgl. Kaase 1999, S. 16). Atteslander (2008, S. 12) spricht in diesem Zusammenhang von der „abstrahierten Wirklichkeit".

Univariante Analysen der Häufigkeit werden bei den folgenden Statistiken ebenso verwendet wie Liniendiagramme zur Erfassung des Alters und Balken- bzw. Säulendiagramme. Liniendiagramme werden Säulendiagrammen vorgezogen, wenn ein zeitlicher Verlauf dargestellt wird (vgl. Bühl, Zöpfel 2005, S. 604). Balkendiagramme wiederum werden verwendet, wenn die Häufigkeit von Variablen grafisch verdeutlicht wird (vgl. Bühl, Zöpfel 2005, S. 593).

Bivariante Analysen werden in Form von Kreuztabellen (vgl. Bühl, Zöpfel 2005, S. 233), vor allem im Bereich des geschlechtsspezifischen Vergleichs, gewählt. Da eine Diskrepanz zwischen den weiblichen und männlichen Teilnehmern der Studie vorherrscht (vgl. Kapitel 3.3.2), werden die jeweiligen Werte prozentual dargestellt, um eine Vergleichbarkeit zu erzeugen.

Die freien Antwortmöglichkeiten zu ‚Diskriminierung' und ‚Stigmatisierung der Stigmatisierten' werden ausgezählt und die Häufigkeitsauflistung durch Balkendiagramme verdeutlicht.

Die Milieubildung (vgl. Kapitel 3.3.3.4) umfasst die Erstellung einer an Sinus Soziovison angelehnten Milieugrafik. Die Ausarbeitung der erforderlichen Statistik erfolgte mittels Spss 16.0 sowie in Microsoft Excel 2007. Dies wird im Folgenden genauer erläutert. Die grafische Darstellung selbst (vgl. Abb. 11) erfolgt durch die Grafikprogramme CorelDraw 12 und Adobe Photoshop 7.

Zur Bildung von sozialen Milieus in Anlehnung an Sinus Soziovision sind unterschiedliche Wertorientierungen sowie Angaben zur sozialen Schicht zu berücksichtigen. In der nachfolgend aufgeführten Tabelle 1 werden Werteeinstellungen den verschiedenen Milieutypen zugeordnet. Dabei wird eine Skalierung von 1 = sehr wichtig bis 4 = unwichtig verwendet (vgl. Kapitel 2.5).

Tabelle 1: Milieutypisierung

Milieutyp	A	BI	BII	CI	CII
Einkommen	1	2	2	3	4
Einfluss auf politische Entscheidungen	1	2	2	3	4
Disziplin	1	2	2	3	4
Abwechslung	4	3	2	2	1
emotionale Bedürfnisse	4	3	1	2	2
Kreativität	4	3	2	1	1
Spontaneität	4	3	2	2	1

Durch SPSS wurden die oben aufgeführten Wertefaktoren mit den abgegebenen Bewertungen abgeglichen und eine neue Variable erstellt, welche die Zugehörigkeit zu einem bestimmten Milieu beschreibt.

Um dies zu verwirklichen, wurde z. B. für den Typ BI folgende Syntaxberechnung durchgeführt:

(Einkommen = 2) + (Einfluss auf Politik = 2) + (Disziplin = 2) + (Abwechslung = 3) + (emotionale Bedürfnisse = 3) + (Kreativität = 3) + (Spontaneität = 3)

Daraus ergibt sich ein Maximum an Übereinstimmung mit dem jeweiligen Milieu von sieben und ein Minimum von null Übereinstimmungen. Es werden lediglich Personen einem bestimmten Milieutyp zugeordnet, wenn mindestens vier Übereinstimmungen gegeben sind. Dies geschieht durch Umcodieren innerhalb der jeweiligen Variable. Die Werte von null bis drei werden als systemdefiniert fehlend angegeben. Mit diesen Berechnungen ist die horizontale Achse des angestrebten Milieumodels erstellt.

Um einen Vergleich der Unabhängigkeit der einzelnen Variablen zu erzielen und somit herauszustellen, dass sich die einzelnen Milieutypen voneinander unterscheiden, wird der H-Test von KRUSKAL und WALLIS im Sinne einer Rangvarianzanalyse durchgeführt (vgl. Heller, Rosemann 1981, S. 230). Der H-Test bestätigt die vorausgestellte Hypothese, dass sich die einzelnen Milieutypen hochsignifikant voneinander unterscheiden.

Darauf erfolgt die Kombination der X-Achse mit der vertikalen Achse. Da bei der Online-Befragung zum überwiegenden Teil Personen unter 28 Jahren geantwortet haben, wurden zur Bildung der Milieus nur diese berücksichtigt. Dies führte dazu, dass hinsichtlich der ‚sozialen Schichtung' (nur) die Schulabschlüsse Berücksichtigung fanden. Wie in den Sinusmilieus werden die Kategorien ‚Hauptschulabschluss', ‚Realschulabschluss' sowie ‚Abitur/Fachhochschulreife' gebildet und mit den bereits zuvor gewonnenen Wertetypen in Relation im Sinne einer bivarianten Kreuztabelle gesetzt. Die Angaben ‚Schüler noch ohne Schulabschluss' und ‚ohne Schulabschluss' wurden als systemdefinierend fehlend angegeben und nicht in die Berechnung mit einbezogen. Somit kann festgesetzt werden, dass die in dieser Studie aufgestellte Milieuabbildung für die befragten Jugendlichen und jungen Erwachsenen zutreffend ist (vgl. Wippermann, Calmbach 2007, S. 113 f., S. 377 f.).

3.3 Ergebnisse der Tattoo-Befragung

Im Folgenden werden in einem ersten Teil allgemein relevante Angaben zum befragten Sample wiedergegeben (vgl. Kapitel 3.3.1). Die Beantwortung der Forschungsfragen erfolgt in Kapitel 3.3.2.

3.3.1 Beschreibungen des Samples

Im Folgenden werden die Anzahl der Rückmeldungen aus den Bundesländern sowie das Sample der Befragung vorgestellt. Daran gliedern sich die geschlechtsspezifisch differenziert ausgewerteten Ergebnisse an. Die Haupt fragestellungen dieser Studie werden im Kapitel 3.3.3 ausgewertet und anschließend zusammenfassend diskutiert. Eine Häufigkeitsauszählung der einzelnen Tabellen findet sich unter den jeweiligen Verweisen im Anhang.

3.3.1.1 Rückmeldungen aus den Bundesländern

Wie erwartet wurden alle Bundesländer Deutschlands durch die Befragung erreicht (vgl. Abb. 4). Es ergaben sich folgende prozentuale Rückmeldungen: Aus Nordrhein-Westfalen konnten 27,5 % der Rückmeldungen verzeichnet werden. Aus Bayern 14,9 %, Niedersachsen 11,8 %, Baden-Württemberg 8,9 %, Sachsen 6,6 %, Hessen 5,4 %, Schleswig-Holstein 4,5 %, aus Berlin und Thüringen entstammten jeweils 4 % der Datensätze. Sachsen-Anhalt verzeichnete 3,5 % der Rückläufe, Hamburg 2,6 %, Mecklenburg-Vorpommern

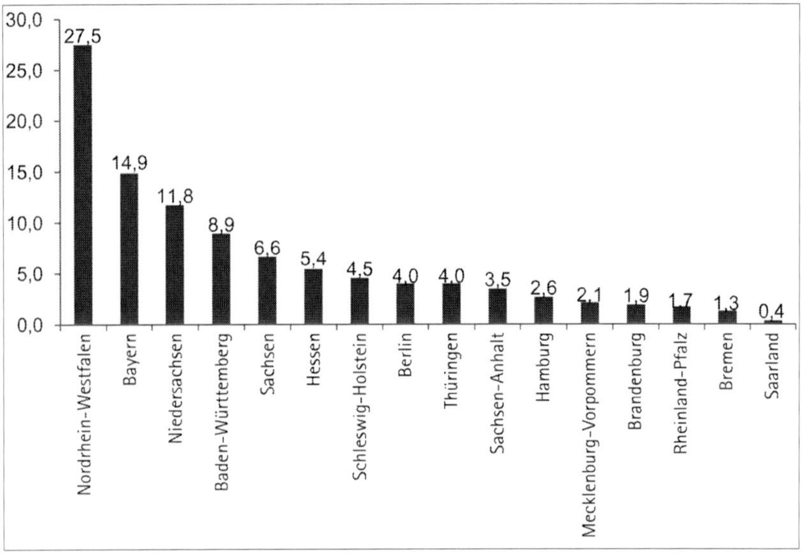

Abbildung 4: Bundesländer

2,1 %, Brandenburg 1,9 %, Rheinland-Pfalz 1,7 %, Bremen 1,3 % und das Saarland 0,4 %.

3.3.1.2 Das Geschlecht und das Alter der Befragten

An der Umfrage beteiligten sich insgesamt 2.733 Personen, wovon 1.746 der Befragten weiblich und 961 männlich sind. 26 Befragte gaben auf diese Frage keine Antwort (vgl. A 1.1). Das Alter der Befragten bewegte sich im Zeitraum zwischen dem 21. Dezember 2008 und dem 21. März 2009 zwischen 15 und 62 Lebensjahren (vgl. A 1.2). Der Peak befindet sich bei 22 Jahren mit einer Häufigkeit von 311 Angaben (vgl. Abb. 5). Dies entspricht 11,4 % der Befragten.

3.3.2 Geschlechtsspezifisch dargestellte Ergebnisse

3.3.2.1 Partnerschaft und Kinder

2.716 Personen machten Angaben zu der Frage, ob sie als Single oder in einer festen Partnerschaft leben. Davon befinden sich 1.540 Personen

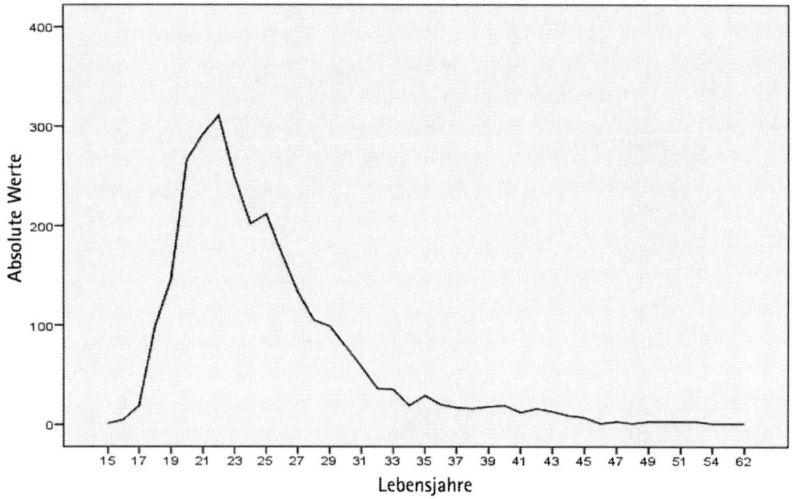

Abbildung 5: Alterskurve der Befragten

(= 56,7 %) in einer festen Partnerschaft, hingegen leben 1.176 Personen als Single (= 43,3 %). 2.373 Befragte leben kinderlos (= 87,6 %), 336 Personen haben ein oder mehrere Kind/er (= 12,4 %) (vgl. A 2.1).

In einer Kreuztabelle zeigt sich, dass 188 Frauen und 143 Männer Eltern von einem oder mehreren Kind/ern sind (vgl. Abb. 6)[2].

3.3.2.2 Alter beim ersten Tattoo

Die ersten bzw. frühesten Tätowierungen wurden sowohl bei Frauen als auch bei Männern im Alter von 13 Jahren angefertigt. Das höchste Alter bei der ersten Tätowierung hatten eine 50-jährige Frau und ein 57-jähriger Mann (vgl. A 2.2). Den Peak erreichen sowohl Frauen als auch Männer im Alter von 18 Jahren. Bei den Frauen fällt die Kurve zum 19. Lebensjahr steil ab. Bei den Männern verläuft die abfallende Kurve etwas flacher (vgl. Abb. 7).

---

[2] Die Diskrepanz in der Summe der Kinder ergibt sich durch fehlende Angaben beim Geschlecht (vgl. Kap. 3.3.1.2).

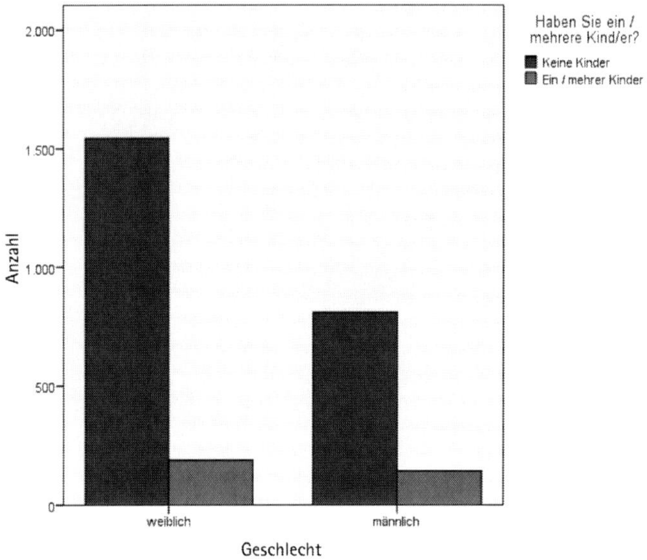

Abbildung 6: Kinder der Befragten

Abbildung 7: Alter beim ersten Tattoo

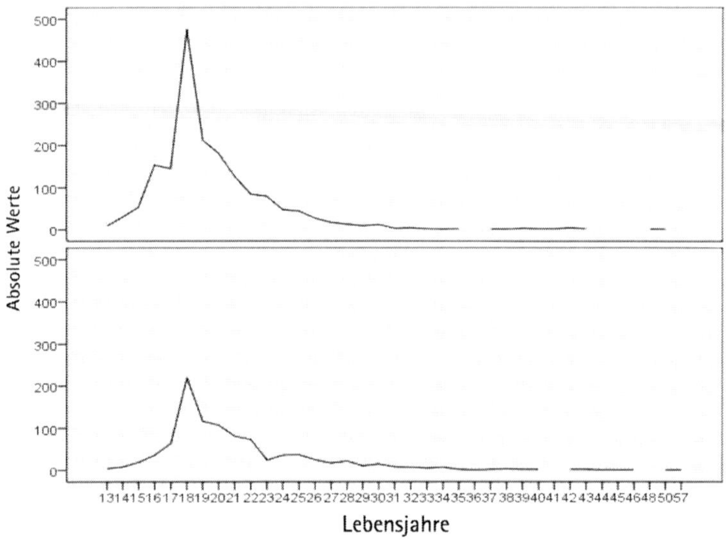

Das Anbringen einer Tätowierung ist in Deutschland erst nach dem Beenden des 18. Lebensjahrs ohne Einverständnis der gesetzlichen Vertreter erlaubt. Dies ist durch die Verordnung des Bundesgesetzblatts 2003, 141 § 2 (1) gesetzlich geregelt. Somit ist es nicht verwunderlich, dass die Grafik sprungartig mit dem 18. Lebensjahr ansteigt.

3.3.2.3 Entscheidung zum Tattoo

Die Frage, ob die Teilnehmer der Studie ihre Entscheidung zu einer Tätowierung durchdacht oder spontan fällten, beantworteten 2.727 Personen. Sechs Befragte gaben auf diese Frage keine Antwort (vgl. A 2.3).

Sowohl die Mehrheit der Frauen (65,2 %) als auch der Männer (61,2 %) fällten ihre Entscheidung, sich eine Tätowierung anbringen zu lassen, immer durchdacht. Der Entschluss fiel bei 28,1 % der befragten Frauen und bei 30,4 % der Männer in der Regel durchdacht. Immer spontan entschieden sich 1,9 % der Frauen und 3,8 % der Männer. 4,8 % der Frauen und 4,7 % der Männer fällten den Entschluss, sich ein Tattoo stechen zu lassen, in der Regel spontan (vgl. Tab. 2).

Tabelle 2: Entscheidung zum Tattoo

	immer durchdacht	in der Regel durchdacht	immer spontan	in der Regel spontan
weiblich	65,2 %	28,1 %	1,9 %	4,8 %
männlich	61,2 %	30,4 %	3,8 %	4,7 %

Auffallend ist, dass die prozentuale Mehrheit sich ausreichend Gedanken über eine Tätowierung macht. Folglich setzen sich die Befragten durchaus mit der Tätowierung auseinander und fällten damit einen durchdachten, ernsthaften Entschluss zu einer lebenslangen Veränderung der Hautoberfläche. Diskrepanzen in den Angaben von Frauen und Männern sind auffällig bei den durchwegs spontanen Entscheidungen sich eine Tätowierung anfertigen zu lassen. Männer fällen diese irreversible Entscheidung häufiger spontan als die befragten Frauen. Erwähnenswert hierbei erscheint, dass bei Tattooartists, die für ihr Können bekannt sind, eine Wartezeit von einigen Monaten bei der Terminvergabe mit eingerechnet werden muss. Eine Korrelation zwischen dem spontanem Entschluss und dem Augenmerk auf die Qualität der Tätowierung lässt sich jedoch nicht feststellen (vgl. Kap. 3.3.2.9).

3.3.2.4 Motivwahl

Die Frage nach den gewählten Motiven beantworteten alle 2.733 Befragten (Beispiele für die Tattookategorien werden im Anhang mit entsprechenden Bildern veranschaulicht). Frauen wählen am häufigsten Ornamente (vgl. A 4.6), so genannte ‚Tribals' (17,8 %) und Blumenmotive (Flowers) (vgl. A 4.5), mit einer prozentualen Häufigkeit von 15,5 %, für ihr Tattoo. Am wenigsten werden von den Frauen mit 0,2 % ‚Biomechaniken' (vgl. A 4.9) als Motiv für ihre Tätowierung/en gewählt. Die Männer favorisieren ebenfalls Ornamente (16,1 %) und Old- bzw. Newschool Motive (16,1 %) (vgl. A 4.1; A 4.2). Von den befragten Männern besitzen nur 2,6 % – und damit die Minderheit – tätowierte Blumenmotive (Flowers) (vgl. Tab. 3 und A 2.4).

Tabelle 3: Tattoomotive

	Old- bzw. Newschool	Realistik	Fantasy / Horror	Flowers	Small
weiblich	11,3 %	3,0 %	5,4 %	15,5 %	12,8 %
männlich	16,1 %	6,3 %	10,9 %	2,6 %	4,3 %
	Ornament	**Lettering**	**Asian**	**Biomechanik**	**Sonstiges**
weiblich	17,8 %	11,7 %	7,4 %	0,2 %	14,3 %
männlich	16,1 %	12,4 %	12,8 %	3,7 %	14,1 %

(ohne Zuordnung: ♀: 0,6 %, ♂: 0,7 %)

Es lässt sich erkennen, dass sowohl Frauen als auch Männer bevorzugt Ornamente als Motiv für ihre Tätowierungen wählen. Eine Diskrepanz der gewonnen Daten zeigt sich in der Kategorie ‚small'. Dies bezeichnet eine Tätowierung, die eine Fläche kleiner als die Handfläche einnimmt. Frauen bevorzugen im Gegensatz zu den Männern demnach kleinere Tattoos. Ebenfalls scheint es sich bei den Blumenmotiven mehr um weibliche Tattoomotive zu handeln und bei Biomechaniken um typisch männliche.

3.3.2.5 Tätowierte Körperpartien

Die beliebteste Körperstelle für eine Tätowierung bei den befragten Frauen ist der Rücken mit einer prozentualen Häufigkeit von 11,4 %. Die zweitbeliebteste Stelle mit 7,0 % ist der Oberarm. Die am wenigsten tätowierten Körperpartien sind Hand (0,5 %) und Knie (0,2 %).

Bei den befragten Männern ist der Oberarm der häufigste tätowierte Körperteil mit 17,3 %, gefolgt von der Wade mit 10,0 %. Am wenigsten tätowiert sind Hand 0,6 % und Kopf 0,5 % (vgl. Tab. 4 und A 2.5).

Tabelle 4: Tätowierte Körperpartien

	Kopf	Hals	Nacken	Schulterblatt	Schulter
weiblich	1,0 %	0,8 %	4,8 %	8,2 %	4,9 %
männlich	0,5 %	1,1 %	2,6 %	7,0 %	8,3 %
	Oberarm	Ellenbogen	Unterarm	Handgelenk	Hand
weiblich	7,0 %	1,2 %	3,3 %	4,5 %	0,5 %
männlich	17,3 %	4,2 %	7,1 %	3,2 %	0,6 %
	Brust	Rippenbogen	Bauch	Rücken	Hüfte
weiblich	2,9 %	4,0 %	4,3 %	11,4 %	4,8 %
männlich	7,0 %	3,2 %	2,9 %	7,8 %	1,4 %
	Leiste	Steiß	Po	Intimbereich	Oberschenkel
weiblich	6,1 %	5,0 %	0,9 %	1,7 %	1,3 %
männlich	1,3 %	0,9 %	0,7 %	0,7 %	2,1 %
	Knie	Unterschenkel	Wade	Knöchel	Fuß
weiblich	0,2 %	3,1 %	4,0 %	8,0 %	6,3 %
männlich	1,1 %	4,8 %	10,0 %	2,6 %	1,6 %

Auffallend dabei ist, dass die befragten Männer mehr als die Frauen die Arme für Tätowierungen bevorzugen, während die Frauen im Vergleich zu den Männern den Hüftbereich (Rippenbogen, Hüfte, Leiste, Steiß) favorisieren (vgl. Tab. 5; Tab. 6). Hieraus ließe sich folgendes schließen: Männer wollen durch ihre Tätowierungen mehr die Muskeln und Frauen eher die Hüften betonen bzw. den Blick des Betrachters auf diese Körperstellen lenken.

Eine Kreuztabelle zeigt im Fall der Frauen in 18,7 % ein sehr starke und in 37,4 % eine teilweise Korrelation. 71,6 % der befragten Männer treffen ihre Entscheidung an den angesprochenen Körperstellen nicht, um die geschlechtsspezifischen physischen Eigenheiten zu betonen. Es kann also von einer Diskrepanz zwischen den Geschlechtern bei der Wahl der Körperstelle, in Abhängigkeit von der Betonung der Weiblichkeit bzw. der Männlichkeit, ausgegangen werden.

Tabelle 5: Weiblichkeit / tätowierte Körperstellen

Betonen der Weiblichkeit	Rippenbogen	Hüfte	Leiste	Steiß	Gesamt
voll zutreffend	5,0 %	3,9 %	4,4 %	5,5 %	18,7 %
teilweise zutreffend	4,4 %	6,0 %	20,9 %	6,0 %	37,4 %
nicht zutreffend	7,7 %	10,4 %	19,8 %	6,0 %	44,0 %

Tabelle 6: Männlichkeit / tätowierte Körperstellen

Betonen der Männlichkeit	Schulterblatt	Unterarm	Schulter	Oberarm	Gesamt
voll zutreffend	0,0 %	0,8 %	1,1 %	2,6 %	4,5 %
teilweise zutreffend	2,2 %	3,4 %	5,2 %	13,1 %	23,9 %
nicht zutreffend	10,1 %	10,1 %	11,9 %	39,5 %	71,6 %

3.3.2.6 Anzahl der Tätowierungen

Die Frage nach der Anzahl der bisherigen Tätowierungen im Zeitraum der Befragung beantworteten 2.732 Personen (vgl. A 2.6). Eine Person gab dazu keine Auskunft.

Die Anzahl der Tätowierungen in Abhängigkeit vom Geschlecht zeigen, dass sowohl bei den befragten Frauen (57,9 %) als auch bei Männern (52,1 %) die Mehrheit zwei bis fünf Tätowierungen aufweisen. Es kann weiterhin unter den befragten Männern eine höhere Anzahl von Tätowierungen im Vergleich zu den Frauen festgestellt werden (vgl. Tab. 7).

Die in dieser Umfrage am häufigsten tätowierte Frau besitzt 50 Tattoos. Der meist tätowierte Mann besitzt nach seinen Angaben 100 Tätowierungen.

Tabelle 7: Anzahl der Tätowierungen

	1	2-5	6-10	11-15	16-20	21-30	31-40	41-50	51-100
weiblich	32,0 %	57,9 %	8,4 %	1,1 %	0,3 %	0,1 %	0,1 %	0,1 %	0,0 %
männlich	25,3 %	52,1 %	14,1 %	5,1 %	1,0 %	1,5 %	0,5 %	0,3 %	0,1 %

3.3.2.7 Umfeld tätowierter Menschen

Die Teilnehmer der Studie wurden befragt, ob sich in ihrem Umfeld tätowierte Personen befinden. Dabei wurde zwischen folgenden Kategorien unterschieden: Die Fragen nach dem ‚familiären Umfeld' beantworteten 2.723 Personen. Zu der Kategorie ‚Freundeskreis' gaben 2.726 Befragte Auskunft. Ob sich im ‚Bekanntenkreis' Tätowierte befinden, beantworteten 2.727 Personen. Die Fragen nach dem ‚Kollegenkreis' und der ‚Nachbarschaft' beantworteten jeweils 2.720 Befragte.

Auffallend bei den Daten ist, dass kaum geschlechtsspezifische Abweichungen auftreten. Im familiären Umfeld (vgl. Tab. 8 und A 2.7.1) sind bei über 50 % der befragten Menschen tätowiert. Im Freundes- (vgl. Tab. 9 und A 3.7.2) und Bekanntenkreis (vgl. Tab. 10 und A 2.7.3) befinden sich in über 90 % der Fälle tätowierte Menschen, und im Kollegenkreis (vgl. Tab. 11 und A 2.7.4) bei über 65 % der befragten Personen. In der Nachbarschaft (vgl. Tab.12 und A 2.7.5) konnten knapp 50 % der Personen keine Angaben über tätowierte Personen machen.

Tabelle 8: Umfeld Tätowierter; Familie

Familie	tätowierte Person/en vorhanden	keine tätowierte Person/en	kann nicht beantwortet werden
weiblich	58,5 %	39,9 %	1,6 %
männlich	52,5 %	45,9 %	1,6 %

Tabelle 9: Umfeld Tätowierter; Freundeskreis

Freundeskreis	tätowierte Person/en vorhanden	keine tätowierte Person/en	kann nicht beantwortet werden
weiblich	90,9 %	8,9 %	0,1 %
männlich	91,8 %	7,6 %	0,5 %

Tabelle 10: Umfeld Tätowierter; Bekanntenkreis

Bekanntenkreis	tätowierte Person/en vorhanden	keine tätowierte Person/en	kann nicht beantwortet werden
weiblich	94,1 %	3,6 %	2,3 %
männlich	93,3 %	4,3 %	2,4 %

Tabelle 11: Umfeld Tätowierter; Kollegenkreis

Kollegenkreis	tätowierte Person/en vorhanden	keine tätowierte Person/en	kann nicht beantwortet werden
weiblich	65,8 %	18,5 %	15,8 %
männlich	71,3 %	16,2 %	12,5 %

Tabelle 12: Umfeld Tätowierter; Nachbarschaft

Nachbarschaft	tätowierte Person/en vorhanden	keine tätowierte Person/en	kann nicht beantwortet werden
weiblich	35,5 %	15,8 %	48,8 %
männlich	37,3 %	18,0 %	44,6 %

Es kann den Ergebnissen zufolge davon ausgegangen werden, dass sich die befragten Personen in einem engmaschigen Netz von ebenfalls tätowierten Menschen befinden. Gerade beim Austausch untereinander und bei auftretenden Diskriminierungen kann dies eine enorme Stütze darstellen (vgl. Kapitel 2.2).

3.3.2.8 Beurteilung der Entscheidung zur Tätowierung

Ob die Befragten die Entscheidung sich tätowieren zu lassen bereuen, beantworteten 2.719 Personen. Signifikante geschlechtsspezifische Unterschiede ergeben die Daten dieser Frage nicht. 96,8 % der Frauen und 97,2 % der Männer würden sich wieder tätowieren lassen. Lediglich 13 Frauen (0,8 %) und 2 Männer (0,2 %) bereuen ihre Entscheidung nachträglich. 2,4 % der Frauen und 2,6 % der Männer würden sich nicht mehr tätowieren lassen, bereuen aber die Entscheidung, sich tätowieren haben zu lassen, nicht (vgl. Tab. 13 und A 2.8).

Tabelle 13: Entscheidung zum Tattoo

	Bereuen die Entscheidung	Bereuen nicht; aber würden sich nicht mehr tätowieren lassen	Würden sich wieder tätowieren lassen
weiblich	0,8 %	2,4 %	96,8 %
männlich	0,2 %	2,6 %	97,2 %

Aus diesen Daten lässt sich ableiten, dass 97 % der Befragten sich mit ihrer Tätowierung bis zur Gegenwart identifizieren.

3.3.2.9 Ausschlaggebende Parameter bei der Wahl des Tätowierers

Im Folgenden werden die Daten zu den ausschlaggebenden Parametern bei der Auswahl des Tätowierers ausgewertet. Unterteilt wurden sieben Kategorien. Die Frage, ob die optische Gestaltung des Studios die Wahl des Tätowierers beeinflusst, beantworteten 2.728 Personen. Ebenfalls in dieser Frage mit inbegriffen ist der Hygienezustand des Studios. Für 69,4 % der befragen Frauen und 55,6 % der Männer stellt dies einen sehr wichtigen Aspekt dar. Als unwichtig sahen diesen Parameter lediglich 0,4 % der Frauen und 2,4 % der Männer an (vgl. Tab. 14 und A 2.9.1).

Tabelle 14: Auswahl des Tätowierers, Ansprechendes Studio

ansprechendes Studio	sehr wichtig	wichtig	weniger wichtig	unwichtig
weiblich	69,4 %	26,2 %	4,0 %	0,4 %
männlich	55,6 %	34,5 %	7,5 %	2,4 %

Die Frage nach der Wegstrecke zum Tätowierer beantworteten 2.723 Personen. Mit 53,8 % bei den Frauen und 51,0 % bei den Männern spielt die Entfernung zum Tätowierer eine weniger wichtige Rolle. Lediglich für 5,8 % der Frauen und 5,2 % der Männer ist die Entfernung zum Studio ein ausschlaggebender Aspekt bei der Wahl des Tätowierers (vgl. Tab. 15 und A 2.9.2).

Tabelle 15: Auswahl des Tätowierers, Entfernung zum Studio

Entfernung zum Studio	sehr wichtig	wichtig	weniger wichtig	unwichtig
weiblich	5,8 %	24,1 %	54,8 %	15,3 %
männlich	5,2 %	22,3 %	51,0 %	21,4 %

Die Sympathie zum Tätowierer bewerteten 2.730 Personen. Dabei gaben 73,2 % der Frauen und 62,9 % der Männer an, dass die Sympathie zum Tätowierer für sie sehr wichtig ist. Als unwichtig sehen diesen Parameter lediglich 0,2 % der Frauen und 0,6 % der Männer (vgl. Tab. 16 und A 2.9.3).

2.722 Befragte gaben Auskunft zu der Frage, ob die Qualität der Arbeit für ihre Entscheidung eine Rolle spielt. Eine gute Qualität der Arbeit bezeichnen 98,3 % der befragten Frauen als sehr wichtig. 97,2 % der Männer sehen dies ebenfalls als einen sehr wichtigen Aspekt bei der Wahl des Tä-

Tabelle 16: Auswahl des Tätowierers, Sympathie zum Tätowierer

Sympathie zum Tätowierer	sehr wichtig	wichtig	weniger wichtig	unwichtig
weiblich	73,2 %	24,4 %	2,3 %	0,2 %
männlich	62,9 %	32,9 %	3,6 %	0,6 %

Tabelle 17: Auswahl des Tätowierers, Gute Qualität der Arbeit

Gute Qualität der Arbeit	sehr wichtig	wichtig	weniger wichtig	unwichtig
weiblich	98,3 %	1,6 %	0,1 %	0,1 %
männlich	97,2 %	2,6 %	0,1 %	0,1 %

towierers. Jeweils 0,1 % der Befragten Frauen und Männern ist die Qualität der Arbeit unwichtig (vgl. Tab. 17 und A 2.9.4).

Die Frage, ob die Wartezeit bis zum Termin einen entscheidenden Punkt bei der Wahl des Tätowierers darstellt, beantworteten 2710 Personen. Mit 56,9 % bei den Frauen und 47,8 % der Männer ist eine möglichst kurze Wartezeit bis zum Termin weniger wichtig. 23,6 % der Frauen und 32,6 % der Männer erscheint dieser Aspekt sogar als unwichtig (vgl. Tab. 18 und A 2.9.5).

Tabelle 18: Auswahl des Tätowierers, Kurze Wartezeit bis zum Termin

Kurze Wartezeit bis zum Termin	sehr wichtig	wichtig	weniger wichtig	unwichtig
weiblich	3,5 %	16,1 %	56,9 %	23,6 %
männlich	3,3 %	16,4 %	47,8 %	32,6 %

Die Frage nach der Kompetenz des Tätowierers beantworteten 2.725 Personen. Eine große fachliche Kompetenz des Tätowierers ist 95,5 % der Frauen und 92,8 % der Männer sehr wichtig (vgl. Tab. 19 und A 3.9.6). Da nicht jeder Tätowierer jede Motivkategorie (vgl. A 4) gleich gut tätowiert, ist nicht selten ein weiter Weg zum ‚richtigen' Tätowierer mit der fachlichen Kompetenz von Nöten. Vergleicht man diese Daten mit denen von ‚Entfernung zum Tätowierer' und ‚Qualität der Arbeit', so lässt sich feststellen, dass diese Daten einander bestätigen.

Darüber, ob eine preisgünstige Tätowierung ausschlaggebend ist, gaben 2.716 Personen Auskunft. Den Daten zufolge ist eine preisgünstige Täto-

Tabelle 19: Auswahl des Tätowierers, Kompetenz des Tätowierers

Kompetenz des Tätowierers	sehr wichtig	wichtig	weniger wichtig	unwichtig
weiblich	95,5 %	4,2 %	0,2 %	0,2 %
männlich	92,8 %	6,8 %	0,3 %	0,1 %

Tabelle 20: Auswahl des Tätowierers, Preisgünstige Arbeit

Preisgünstige Arbeit	sehr wichtig	wichtig	weniger wichtig	unwichtig
weiblich	2,6 %	20,4 %	55,0 %	21,9 %
männlich	3.0 %	17,4 %	49.0 %	30,5 %

wierung für 55 % der befragten Frauen und 49,0 % der Männer bei der Wahl des Tätowierers weniger wichtig. 21,9 % und 30,5 % der Frauen bzw. Männer bezeichnen den Preis für eine Tätowierung als unwichtig. Lediglich für 2,6 % der Frauen und 3 % der Männer stellt ein geringer Preis für eine Tätowierung einen gewichtigen Aspekt bei der Wahl des Tätowierers dar (vgl. Tab. 20 und A 2.9.7).

Zusammenfassend lässt sich aus den aufgeführten Daten Folgendes schließen: Die Qualität der Arbeit und die fachliche Kompetenz des Tätowierers sowie die Gestaltung und Hygiene des Tattoostudios sind für die befragten Personen von erheblicher Wichtigkeit. Eine signifikante geschlechtsspezifische Abweichung unter den Antworten lässt sich in keiner der sieben Kategorien feststellen.

3.3.2.10 Qualifikation des Tätowierers beim ersten Tattoo

Die Frage, wie die erste Tätowierung angefertigt wurde, beantworteten 2731 Personen. Bei 93,5 % der Frauen und 90,8 % der Männer handelte es sich bei ihrer ersten Tätowierung um eine Arbeit eines Berufstätowierers. Mit einer niedrigen prozentualen Abweichung von 3,3 % zu 3,2 % bei den Frauen bzw. 4,7 % zu 4,5 % bei den Männern wurde die erste Tätowierung von einem/einer Freund/in oder einem/einer Bekannten bzw. selbst angefertigt (vgl. Tab. 21 und A 2.10).

Auch diese Daten lassen einen Rückschluss auf das Bedürfnis nach einer möglichst qualitativ hochwertigen Tätowierung unter den Befragten zu.

Tabelle 21: Qualifikation des Tätowierers beim ersten Tattoo

	Profiarbeit	von Freund/in oder Bekannte/n angefertigt	selbst angefertigt
weiblich	93,5 %	3,3 %	3,2 %
männlich	90,8 %	4,7 %	4,5 %

3.3.3 Ergebnisse der Hauptfragestellungen

3.3.3.1 Motivation zu einer Tätowierung

Die Motivationen zu einer Tätowierung wurden in 15 Kategorien unterteilt. Da es sich hierbei jedoch um sehr individuelle Faktoren handelt, ist nicht von einer Vollständigkeit aller Kategorien auszugehen.

Die Frage, ob eine Vorbildperson für eine Tätowierung ausschlaggebend war, beantworteten 2.707 Personen. Für 79,4 % der Frauen und 70,5 % der Männer ist dies nicht zutreffend. Teilweise zutreffend empfanden diese Kategorie 18,6 % der Frauen und 25,7 % der Männer. Den ausschlaggebenden Aspekt lieferten bei 2 % der Frauen und 3,8 % der Männer Vorbildpersonen (vgl. Tab. 22 und A 3.1.1).

Tabelle 22: Motivation, Vorbilder

Vorbilder	voll zutreffend	teilweise zutreffend	nicht zutreffend
weiblich	2,0 %	18,6 %	79,4 %
männlich	3,8 %	25,7 %	70,5 %

Ob der Gruppendruck ausschlaggebend war, beantworteten 2698 Personen. Bei den Frauen traf dies zu 98,8 % und bei den Männern zu 98,1 % nicht zu. Durch den Gruppendruck begründen lediglich 0,2 % der Frauen und 0,1 % der Männer ihre Tätowierungen. Als teilweise zutreffend bezeichnen 1 % der Frauen und 1,8 % der Männer diese Kategorie als Motivation zu einer Tätowierung (vgl. Tab 23 und A 3.1.2).

Tabelle 23: Motivation, Gruppendruck

Gruppendruck	voll zutreffend	teilweise zutreffend	nicht zutreffend
weiblich	0,2 %	1,0 %	98,8 %
männlich	0,1 %	1,8 %	98,1 %

Ob die Motivation für eine Tätowierung in einem Zeichen der Unabhängigkeit bzw. des Erwachsenwerdens zu sehen ist, beantworteten 2.695 Befragte. 68,4 % der Frauen und 68,3 % der Männer sahen diesen Aspekt als nicht zutreffend an. Als teilweise zutreffend beschrieben diesen Motivationspunkt 27,9 % der Frauen und 27 % der Männer, während 3,6 % der Frauen und 4,8 % der Männer dies als ausschlaggebende Motivation angaben (vgl. Tab. 24 und A 3.1.3).

Tabelle 24: Motivation, Zeichen der Unabhängigkeit / des Erwachsenwerdens

Zeichen der Unabhängigkeit / des Erwachsenwerdens	voll zutreffend	teilweise zutreffend	nicht zutreffend
weiblich	3,6 %	27,9 %	68,4 %
männlich	4,8 %	27,0 %	68,3 %

Die Frage, ob das Herausstellen der Individualität als Motivation für einen Hautstich diente, beantworteten 2715 Personen. 48,4 % der Frauen und 47,8 % der Männer gaben an, dass dies teilweise zutreffend sei. Für 26,2 % der Frauen und 32,1 % der Männer ist die „Individualisierung“ bzw. der Ausdruck der Individualität als Begründung für eine Tätowierung voll zutreffend. Hingegen ist dieser Aspekt für 25,4 % der Frauen und 20,1 % der Männer nicht zutreffend (vgl. Tab. 25 und A 3.1.4).

Tabelle 25: Motivation, Individualisierung

Individualisierung	voll zutreffend	teilweise zutreffend	nicht zutreffend
weiblich	26,2 %	48,4 %	25,4 %
männlich	32,1 %	47,8 %	20,1 %

Ob die Neugierde, eine Mutprobe oder das Erleben einer Grenzerfahrung die Entscheidung für eine Tätowierung darstellt, beantworteten 2697 Befragte. Davon gaben 69,2 % der Frauen und 67,2 % der Männer diesen Aspekt als nicht zutreffend an. 26,5 % der Frauen und 28,3 % der Männer beantworteten diese Frage mit „teilweise zutreffend“. Lediglich 4,3 % der Frauen und 4,5 % der Männer sehen darin den entscheidenden Aspekt für die Tätowierung (vgl. Tab 26 und A 3.1.5).

2.694 Befragte machten Angaben, ob ihre Tätowierung als Zeichen von Protest bzw. Rebellion zu sehen ist. 78,6 % der Frauen und 69,7 % der

Tabelle 26: Motivation, Neugier, Mutprobe, Grenzerfahrung

Neugier, Mutprobe, Grenzerfahrung	voll zutreffend	teilweise zutreffend	nicht zutreffend
weiblich	4,3 %	26,5 %	69,2 %
männlich	4,5 %	28,3 %	67,2 %

Tabelle 27: Motivation, Zeichen von Protest / Rebellion

Zeichen von Protest/ Rebellion	voll zutreffend	teilweise zutreffend	nicht zutreffend
weiblich	3,3 %	18,1 %	78,6 %
männlich	7,0 %	23,3 %	69,7 %

Männer sehen in ihrer/ihren Tätowierung/en keinen Ausdruck von Protest oder Rebellion. Als teilweise zutreffend sehen diesen Motivationspunkt 18,1 % der Frauen und 23,3 % der Männer. Für 3,3 % der Frauen und 7 % der Männer stellt das Tattoo ein Zeichen von Protest oder Rebellion dar (vgl. Tab. 27 und A 3.1.6).

Zu der Frage, ob die Tätowierung als Zeichen eines Lebensabschnitts zu sehen ist, machten 2.711 Personen Angaben. Für 40 % der Frauen und 34,8 % der Männer stellt das Markieren eines Lebensabschnitts durch ein Tattoo die voll zutreffende Begründung dar. 32,5 % der Frauen und 37,0 % der Männer bezeichneten diesen Aspekt als teilweise zutreffend und 27,4 % der Frauen und 28,1 % der Männer als nicht zutreffend (vgl. Tab. 28 und A 3.1.7).

Tabelle 28: Motivation: Zeichen eines Lebensabschnitts

Zeichen eines Lebensabschnitts	voll zutreffend	teilweise zutreffend	nicht zutreffend
weiblich	40,0 %	32,5 %	27,4 %
männlich	34,8 %	37,0 %	28,1 %

2.672 Personen gaben Auskunft, ob ein Tattoo für sie als Zeichen der Körperkontrolle zu sehen ist. 70,8 % der Frauen und 63,5 % der Männer bezeichneten diesen Aspekt als nicht zutreffend. Für 22,1 % der Frauen und 27,2 % der Männer ist diese Motivation teilweise zutreffend und für 7 % der Frauen und 9,3 % der Männer stellt diese den Hauptbeweggrund dar (vgl. Tab. 29 und A 3.1.8).

Tabelle 29: Motivation; Zeichen der Körperkontrolle

Zeichen der Körperkontrolle	voll zutreffend	teilweise zutreffend	nicht zutreffend
weiblich	7,0 %	22,1 %	70,8 %
männlich	9,3 %	27,2 %	63,5 %

Zu der Frage, ob das Betonen der Weiblichkeit bzw. der Männlichkeit den ausschlaggebenden Aspekt liefert, machten 2.692 Befragte Angaben. 58,5 % der Frauen und 71,8 % der Männer bezeichneten dies als nicht zutreffend. Als ein teilweises Zutreffen sahen 26,9 % der Frauen und 23 % der Männer die Betonung der geschlechtsspezifischen Eigenheiten des Körpers. 14,6 % der Frauen und 5,2 % der Männer sehen in diesem Aspekt die Begründung für ihre Tätowierung/en (vgl. Tab. 30 und A 3.1.9).

Tabelle 30: Motivation; Betonung der Weiblichkeit / Männlichkeit

Betonung der Weiblichkeit / Männlichkeit	voll zutreffend	teilweise zutreffend	nicht zutreffend
weiblich	14,6 %	26,9 %	58,5 %
männlich	5,2 %	23,0 %	71,8 %

Ob die Liebe oder der Liebeskummer die Hauptintention für den Hautstich bildet, beantworteten 2.686 Befragte. 83,4 % der Frauen und 85,7 % der Männer bezeichneten dies als nicht zutreffend und 11,6 % der Frauen bzw. 9,8 % der Männer als teilweise zutreffend. 5 % der Frauen sowie 4,5 % der Männer sehen in der Liebe oder im Liebeskummer die Begründung für ihr/e Tattoo/s (vgl. Tab. 31 und A 3.10).

Tabelle 31: Motivation; Liebe bzw. Liebeskummer

Liebe bzw. Liebeskummer	voll zutreffend	teilweise zutreffend	nicht zutreffend
weiblich	5,0 %	11,6 %	83,4 %
männlich	4,5 %	9,8 %	85,7 %

Bezüglich der Motivation zur Tätowierung aufgrund sexueller bzw. erotischer Beweggründe machten 2.691 Befragte Angaben. Für 82 % der Frauen und 82,5 % der Männer stellt dies keinen Grund für eine Tätowierung dar. Als teilweise zutreffend sehen diesen Aspekt 14,8 % der Frauen und 15 % der Männer. Als ausschlaggebenden Aspekt sind sexuelle bzw. erotische

Gründe bei 3,1 % der Frauen und 2,5 % der Männer zu sehen (vgl. Tab. 32 und A 3.1.11).

Tabelle 32: Motivation; sexuelle bzw. erotische Gründe

sexuelle bzw. erotische Gründe	voll zutreffend	teilweise zutreffend	nicht zutreffend
weiblich	3,1 %	14,8 %	82,0 %
männlich	2,5 %	15,0 %	82,5 %

2.673 Personen gaben darüber Auskunft, ob religiöse Gründe als Motivation für die Tätowierung dienten. 95,4 % der Frauen und 90,2 % der Männer der Befragung sehen den religiösen Aspekt als nicht zutreffend und 3,5 % bzw. 6,6 % der Frauen bzw. Männer als teilweise zutreffend. 1,1 % der Frauen sowie 3,2 % der Männer bezeichnen die Religion als den Hauptaspekt für ihre Tätowierung/en (vgl. Tab. 33 und A 3.1.12).

Tabelle 33: Motivation; religiöse Gründe

religiöse Gründe	voll zutreffend	teilweise zutreffend	nicht zutreffend
weiblich	1,1 %	3,5 %	95,4 %
männlich	3,2 %	6,6 %	90,2 %

Die Frage nach spirituellen Gründen als Motivation beantworteten 2.655 Personen. Davon gaben 73,2 % der Frauen und 67,2 % der Männer an, dass dieser Aspekt für sie als nicht zutreffend zu werten sei. Als teilweise zutreffend führten 17,8 % der Frauen und 21,6 % der Männer spirituelle Gründe auf. 9 % der Frauen und 11,2 % der Männer sehen in der spirituellen Bedeutung der Tätowierung/en die Motivation zu einem Hautstich (vgl. Tab. 34 und A 3.1.13).

Tabelle 34: Motivation; spirituelle Gründe

spirituelle Gründe	voll zutreffend	teilweise zutreffend	nicht zutreffend
weiblich	9,0 %	17,8 %	73,2 %
männlich	11,2 %	21,6 %	67,2 %

2.698 Befrage äußerten sich, ob Bodyart, demnach Tattoo als Kunstform bzw. Körperschmuck die Intention für ihre Tätowierung/en darstellt. 54,7 % der Frauen sowie 55,7 % der Männer sehen im Körperschmuck durch die Tätowierung die Hauptmotivation, sich tätowieren zu lassen. 29,2 % der Frauen und 29 % der Männer sehen diesen Aspekt als teilweise zutreffend. Lediglich für 16,1 % der Frauen und 15,3 % der Männer stellt Bodyart in Form einer Tätowierung keinen Aspekt für die Entscheidung zu einem Hautstich dar (vgl. Tab. 35 und A 3.1.14).

Tabelle 35: Motivation; Bodyart / Tattoo als Körperschmuck

Bodyart /Tattoo als Körperschmuck	voll zutreffend	teilweise zutreffend	nicht zutreffend
weiblich	54,7 %	29,2 %	16,1 %
männlich	55,7 %	29,0 %	15,3 %

Die Motivation im Bezug zur Selbststigmatisierung beantworteten 2.670 Personen und gaben dazu folgende Angaben: Für 76,1 % der Frauen und 68,4 % der Männer ist die Selbststigmatisierung durch eine Tätowierung kein erklärtes Ziel. Für 18,1 % der Frauen sowie 22,8 % der Männer ist der Punkt der Selbststigmatisierung als teilweise zutreffend zu werten und für 5,8 % der Frauen bzw. 8,8 % der Männer voll zutreffend (vgl. Tab. 36 und A 3.1.15).

Tabelle 36: Motivation, Selbststigmatisierung

Selbststigmatisierung	voll zutreffend	teilweise zutreffend	nicht zutreffend
weiblich	5,8 %	18,1 %	76,1 %
männlich	8,8 %	22,8 %	68,4 %

Zusammenfassend lässt sich festhalten, dass die Motivation, sich eine Tätowierung anbringen zu lassen, viele individuelle Begründungen in sich trägt. Vereinfacht und als groben Überblick können die oben aufgeführten Kategorien betrachtet werden. Dabei sind geschlechtsspezifische Unterschiede bei der Motivation prozentual kaum zu differenzieren. Lediglich bei der Frage nach der Betonung der Weiblichkeit bzw. der Männlichkeit lässt sich feststellen, dass Frauen mit fast der dreifachen Prozentzahl die Motivation in der Betonung des Körpers sehen als dies bei den Männern der Fall ist.

Die Hauptintention der Befragten zu einer Tätowierung liegt im Schmücken des Körpers. Übereinstimmend sind darin auch die Angaben zur Qualität der Arbeit (vgl. Kapitel 3.3.2.9) zu sehen. Ein weiterer wichtiger Aspekt für einen Hautstich stellt das Kennzeichnen eines Lebensabschnitts sowie die Herausstellung des Einzelnen als Individuum dar. Es lässt sich also festhalten, dass sich heute noch genau wie vor Tausenden von Jahren Menschen aufgrund der gleichen Intentionen Hautbilder stechen lassen. Die Schmucktätowierung (vgl. Hell 1996, S. 14), die Markierung eines Lebensabschnitts (vgl. Stirn 2003, S. 7) oder das Herausstellen der Individualität (vgl. Hell 1996, S. 18) sind grundlegende Bedeutungen seit dem Beginn des Hautstichs.

Gleichsam kann festgestellt werden, dass die Hauptmotivation der 1960er bis 1980er-Jahre, dem Ausdrucks des Protests und der Rebellion durch eine Tätowierung (vgl. Feige 2003, S. 132 f.) in der Moderne, bei den Befragten, nur noch als prozentuale Minderheit bei der Überlegung sich eine Tätowierung anfertigen zu lassen auftaucht. Ebenso nimmt die Selbststigmatisierung durch eine Tätowierung einen untergeordneten Rang in der Liste der Motivation zu einer Tätowierung ein. Die Selbststigmatisierung wird oft Tätowierten aus Justizvollzugsanstalten unterstellt. Dass auch zwischen typischen Hafttätowierungen und Tätowierungen der ‚Normalbevölkerung' im Bezug zur Motivation keine großen Differenzen mehr zugrunde liegen, stellt BAUMANN (2006, S. 65) heraus. Aufbauend auf die Ergebnisse dieser Studie und den Erkenntnissen von BAUMANN lässt sich festhalten, dass die Tätowierung als solche keine Rückschlüsse auf eine bewusste eigene gesellschaftliche Ausgrenzung zulassen.

3.3.3.2 Diskriminierung aufgrund einer oder mehrerer Tätowierungen

Ob die Befragten aufgrund ihrer Tätowierung/en Diskriminierung erfahren haben[3], beantworteten 2.724 Personen. 17,8 % der Frauen gaben, an bereits aufgrund ihrer Tätowierung/ en diskriminiert worden zu sein, so wie 20,4 % der Männer (vgl. Tab. 37, Abb. 8 und A 3.2).

Insgesamt berichten 511 Personen von Diskriminierung in der offenen Antwortmöglichkeit. Die 560 Angaben wurden ausgewertet und in 19 Kategorien unterteilt. Die Diskrepanz zwischen den Befragten und den Angaben ergibt sich durch die Möglichkeit der Mehrfachnennung. Bei 56 Angaben war keine klare Zuordnung möglich. Im Folgenden werden die Diskriminierungsformen dargestellt und zur Verdeutlichung zum Teil mit einer Antwort

[3] Originalfrage aus dem Fragebogen: Haben Sie durch Ihre Tätowierung/en bereits gesellschaftliche Vorurteile bzw. Nachteile verspürt?

Tabelle 37: Diskriminierung in Abhängigkeit des Geschlechts

	Diskriminierung	keine Diskriminierung
weiblich	17,8 %	82,3 %
männlich	20,4 %	79,6 %

aus den Datensätzen ergänzt. 132 Mal wurde von einer öffentlichen Beleidigung berichtet. Dies entspricht einer prozentualen Häufigkeit von 23,6 %. Ein Beispiel hierfür: „Das beginnt beim bloßen Anschauen auf der Straße und endet bei blöden Sprüchen in der vollen Fußgängerzone".

Die Konfrontation mit Vorurteilen wie Kriminalität, Drogenabhängigkeit, Prostitution usw. wurde 125 Mal genannt. Ein beschreibendes Beispiel aus dem Datensatz: „Man wird oft blöd angeguckt. Einige Leute scheinen sogar Angst vor einem zu haben. Es wird oft spekuliert, ob man aus dem Gefängnis kommt oder sonst irgendwie kriminell ist, gerade wenn man mehrere oder großflächige Tattoos hat. Es gibt Leute, die sich von einem weg setzen und sogar ihre Wertsachen festhalten, wenn man neben ihnen steht. Es wird so getan, als ob man primitiv wäre und sich nicht vernünftig artikulieren kann". Die Diskriminierung aufgrund von Vorurteilen nimmt mit 22,3 % die zweithäufigste genannte Position in der Tabelle ein. Hierzu kann herausgestellt werden, dass Assoziationen von Tätowierungen zu Kriminellen, Drogensüchtigen oder Prostituierten vermehrt von älteren Menschen getroffen werden.

Die Diskriminierung aufgrund von Tätowierungen am Arbeitsplatz hat 87 Nennungen und damit eine Häufigkeit von 15,5 %. Zur Veranschaulichung wurden folgende Beispiele gewählt: „Ich bin Lehrerin und habe schon einige negative Blicke oder Äußerung von Kollegen erfahren dürfen" oder „Als Doktorand stelle ich meine Forschungsprojekte bei Konferenzen vor und wurde gebeten, mein Oberarmsleeve doch lieber unter einer langen Bluse zu verstecken."

41 Nennungen (7,3 %) wurden der Kategorie ‚Keine Berufsanstellung aufgrund von Tätowierung/en' zugeordnet.

Die Diskriminierung durch die eigene Familie oder Freunde wurde 34 Mal genannt und hat eine prozentuale Häufigkeit von 6 % (ein Beispiel: „Ausschluss von Familienfeiern oder Teilnahme nur mit der Auflage die Tattoos versteckt zu halten"). Das Verlieren von Respekt oder das Absprechen von beruflichen Fähigkeiten wurde 24 Mal (4,3 %) genannt (ein Beispiel: „Absprechen von fachlicher Kompetenz. Man muss mehr leisten, um die gleiche Anerkennung wie nichttätowierte zu bekommen").

Die Diskriminierung an der Schule bzw. Hochschule bekam 13 Nennungen und erhält eine prozentuale Häufigkeit von 2,3 %.

Die Diskriminierung in Form von Ablehnung durch den eigenen Partner bzw. bei der Suche nach einem Lebenspartner erhielt elf Nennungen (1,9 %): „... als Frau habe ich das Gefühl, Männer haben ‚Angst' vor mir. Vor allem, wenn ich meine Tattoos offensichtlich zeige ... habe den Eindruck, dass es die Partnersuche wesentlich beeinflusst, d. h. man wird gleich als die taffe, harte Frau abgestempelt und bekommt oft nicht die Gelegenheit, sein ‚wahres Ich' zu zeigen ...".

Neun Nennungen (1,6 %) erhielten jeweils die Kategorien ‚Die Fähigkeiten einer Mutter abgesprochen bekommen' sowie ‚Kein Einlass in Gaststätten, Diskotheken oder Hotels erhalten'.

Der Diskriminierung als ‚Vorwurf einem Modetrend nachzujagen' mussten sich sieben Personen (1,3 %) der Umfrage stellen und einem ‚mit Unverständnis reagierendes Umfeld' waren sechs Personen ausgesetzt.

Vier Mal (0,7 %) wurde den Befragten eine medizinische Untersuchung bei einem Arzt verweigert und ebenfalls wurde von vier Personen von einer Kündigung des Arbeitsverhältnisses berichtet: „Job gekündigt – mündlich auf Grund der Tätowierungen, schriftlich wurde ein anderer (erfundener) Grund genannt".

Drei Personen (0,5 %) berichteten von sehr intensiven Zollkontrollen aufgrund von Tätowierungen und zwei Personen (0,4 %) wurden aufgrund ihrer Tätowierungen körperlich angegriffen.

Eine Person (0,2 %) berichtet von der Diskriminierung durch die Medien: „Den durch die Medien weit verbreiteten Begriff ‚Arschgeweih' empfinde ich als Beleidigung ...". Eine weitere Person (0,2 %) schreibt, dass sie aufgrund ihrer Tätowierung nicht zum Blutspenden zugelassen wurde: „Ich durfte kein Blut spenden, da Tätowierte angeblich automatisch Aids haben".

Diese zahlreichen Belege zeigen, dass die Stigmatisierung und Diskriminierung von tätowierten Menschen auch in der heutigen, modernen Gesellschaft keine Einzelfälle darstellen.

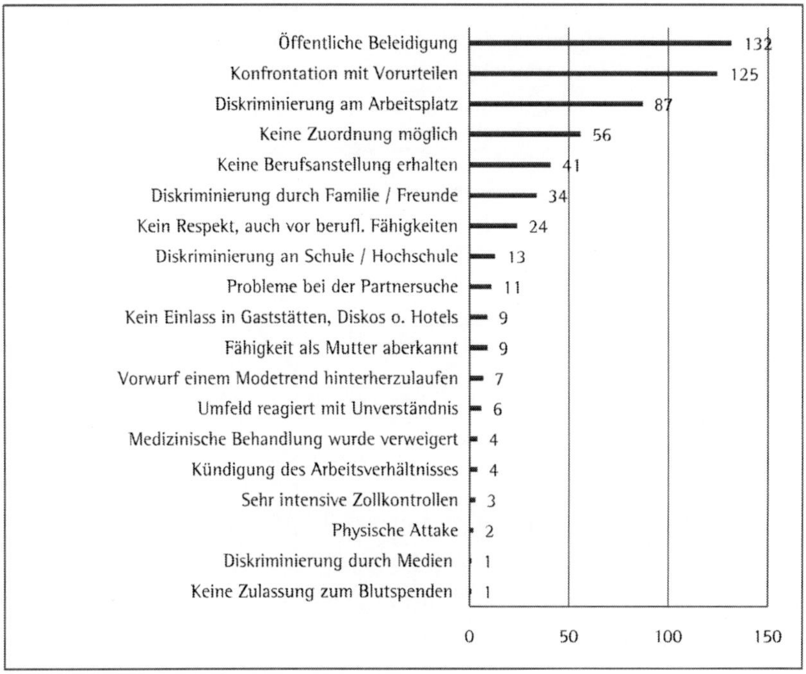

Abbildung 8: Diskriminierung aufgrund einer oder mehrerer Tätowierungen

3.3.3.3 Stigmatisierung der Stigmatisierten

Wie bereits angesprochen, wurde in der Studie der Frage nachgegangen, ob auch unter den Tätowierten Stigmatisierungen gegenüber anderen tätowierten Menschen auftreten. Tatsächlich wurden 1.611 Berufe genannt (einschließlich Mehrfachnennungen), bei denen die Befragten der Meinung sind, dass bei diesen Berufsgruppen Tätowierungen an sichtbaren Körperstellen ‚fehl am Platz' seien. Ausgehend von der im Kapitel 3.3.3.2 bewiesenen Diskriminierung von tätowierten Menschen lässt sich in diesem Zusammenhang die ‚These von der Stigmatisierung der Stigmatisierten' erschließen. Diese These begründet sich durch das Absprechen der Freiheit, den Körper durch Tätowierungen zu verändern, während der Körper der stigmatisierenden Person ebenfalls durch Tattoos geziert ist. Das folgende Säulendiagramm (Abb. 9) zeigt die genannten Berufsgruppen sowie die Anzahl der Nennungen.

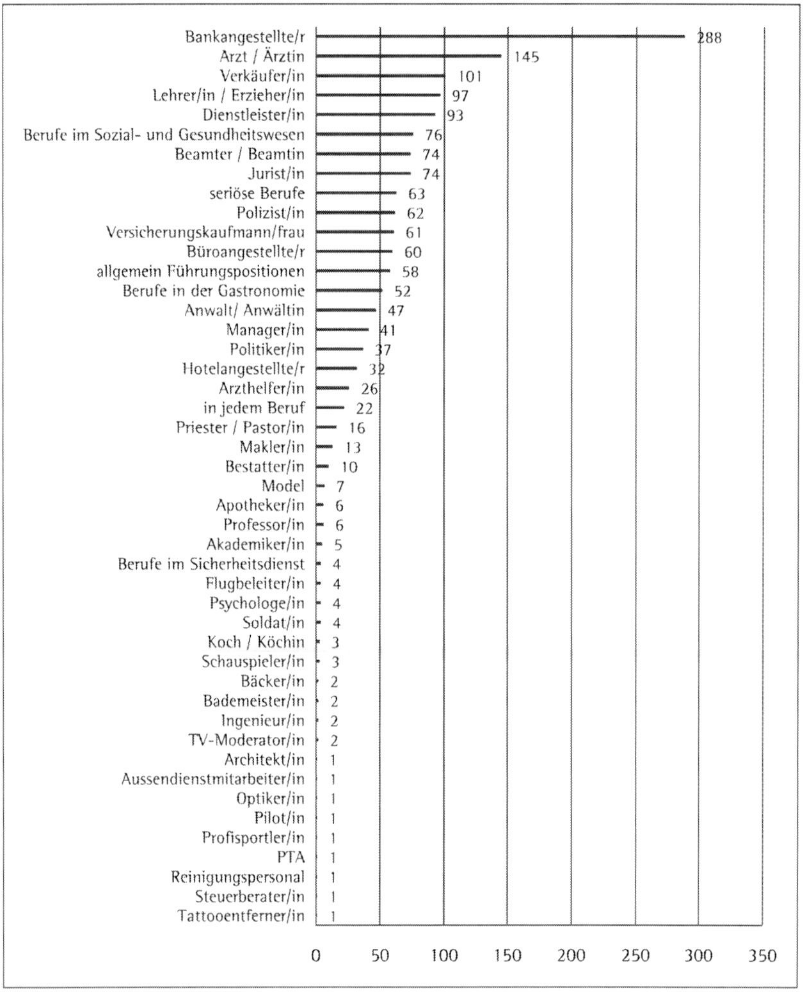

Abbildung 9: Stigmatisierung der Stigmatisierten

Die Abbildung zeigt, dass die Bankangestellten mit 288 Nennungen den ersten Rang auf der Liste der Stigmatisierung durch Tätowierte einnehmen. Gefolgt von den Ärzt/inn/en mit 145 Nennungen und den Verkäufer/inne/n, die 101 Mal erwähnt wurden. Lehrer/innen und Erzieher/innen wurden 97 Mal genannt, Dienstleister/innen 93 Mal und Berufe im Sozial- und Gesundheitswesen erhielten 76 Nennungen. Beamtinnen/Beamte und Jurist/inn/en erhielten jeweils 74 Nennungen. ‚Seriöse Berufe' wurden 63 Mal benannt, Polizeibeamtinnen/-beamte 62 Mal, Versicherungskauffrauen/-männer 61 Mal und Büroangestellte 60 Mal. Personen, die Führungspositionen besetzen, erhielten 58 Nennungen, Berufe in der Gastronomie 52, Anwältinnen/Anwälte wurden 47 Mal benannt und Manager/innen 41 Mal. Auch Politiker/innen wurden mit 37 Nennungen erwähnt sowie Hotelangestellte mit 32 Nennungen und Arzthelfer/innen mit 26 Nennungen. 22 Personen waren der Meinung, dass offen sichtbare Tattoos in jedem Beruf ‚fehl am Platz' seien. Priester bzw. Pastoren/innen erhielten 16 Nennungen, Immobilienmakler/innen 13 und Bestatter/innen zehn Nennungen. Models sollten sieben Personen zufolge keine Tätowierungen an sichtbaren Körperpartien tragen sowie Apotheker/innen und Professoren/innen mit jeweils sechs Nennungen. Fünf Mal wurden Akademiker/innen erwähnt und mit jeweils vier Nennungen wurden Berufe im Sicherheitsdienst, Flugbegleiter/innen, Psycholog/inn/en und Soldat/inn/en erwähnt. Jeweils drei Nennungen erhielten der Kochberuf und die Schauspielerei. Bäcker/innen, Bademeister/innen, Ingenieurinnen/Ingenieure und TV-Moderator/inn/en erhielten je zwei Nennungen. Architekt/inn/en, Mitarbeiter/innen im Außendienst, Optiker/innen, Pilot/inn/en sowie Profisportler/innen erhielten jeweils eine Nennung. Ebenfalls einmal wurden Pharmazeutisch Technische Assistent/inn/en (PTA), Personal in Reinigungsfirmen, Steuerberater/innen sowie Tattooentferner/innen benannt.

Das folgende Zitat verdeutlicht die Ernsthaftigkeit der These von der Stigmatisierung der Stigmatisierten: „Ja, in jedem ‚Anzugberuf' oder auch im Verkauf möchte ich nicht von sichtbar tätowierten Menschen ‚bedient' werden."

Im Folgenden wurden die genannten Berufe in Sparten unterteilt und wie folgt untergliedert (vgl. Abb. 10):

1. Sparte = ‚Die drei klassischen Professionen' (Ärztinnen/Ärzte, Jurist/innen, Theologen/innen) (vgl. Müller 2002, S. 727).

2. **Sparte** = ‚Führungs- und Respektspersonen' (Lehr/innen & Erzieher/innen, Beamtinnen/Beamte, ‚seriöse Berufe', Polizeibeamtinnen/-beamte, Führungspositionen, Manager/innen, Politiker/innen, Professor/inn/en, Akademiker/innen, Ingenieurinnen/Ingenieure, Architekt/inn/en).

3. **Sparte** = ‚Vertrauenspersonen' (Bankkauffrau/-mann, Kauffrau/-mann, Dienstleister/innen, Berufe im Sozial- und Gesundheitswesen, Versicherungskauffrau/-mann, Büroangestellte, Makler/innen, Bestatter/innen, Apotheker/innen, Flugbegleiter/innen, Berufe im Sicherheitsdienst, Psycholog/inn/en, Soldat/inn/en, Sozialarbeiter/innen, Bademeister/innen, Berufe im Außendienst, Steuerberater/innen, Pilot/inn/en, Optiker/innen).

4. **Sparte** = ‚Hygieneberufe' (Berufe in der Gastronomie, Berufe im Hotel, Arzthelfer/innen, Köchinnen/Köche, Bäcker/innen, PTA, Angestellte in Reinigungsfirmen, Tattooentferner/innen).

5. **Sparte** = ‚Berufe mit hoher Öffentlichkeitswirkung' (Models, Schauspieler/innen, TV-Moderator/inn/en, Profisportler/innen).

Ohne Zuordnung bleibt dabei die Angabe ‚Alle Berufe' (N=22; 1,37 %).

Es kann zusammenfassend festgehalten werden, dass vor allem Berufe, in denen ein gewisses Vertrauen vom Kunden bzw. Dienstleistungsempfänger gegenüber dem Anbieter entgegengebracht werden muss, die tätowierten Personen, die zu dieser Frage eine Antwort abgaben, keine Menschen mit offen sichtbaren Tattoos begegnen wollen.

Auch Führungs- und Respektspersonen sind von der ‚Stigmatisierung der Stigmatisierten' ebenso betroffen, wie Berufe der drei klassischen Professionen. Hygieneberufe und Berufe mit hoher Öffentlichkeitswirkung belegen in diesem Säulendiagramm die letzen Plätze.

Die Abbildung 10 verdeutlicht, dass tätowierten Personen von ebenfalls tätowierten Menschen weniger Vertrauen entgegengebracht wird und ihnen seltener zugetraut wird, beruflich erfolgreich zu sein und in ihrem Beruf respektiert zu werden. Kombiniert man diese Erkenntnisse mit den Ergebnissen vom Kapitel 3.3.3.2, so lässt sich herausstellen, dass die Diskriminierung von tätowierten Menschen der nicht tätowierten ähnliche Züge beinhaltet. Das

Die Auswertung ergibt folgendes Säulendiagramm:

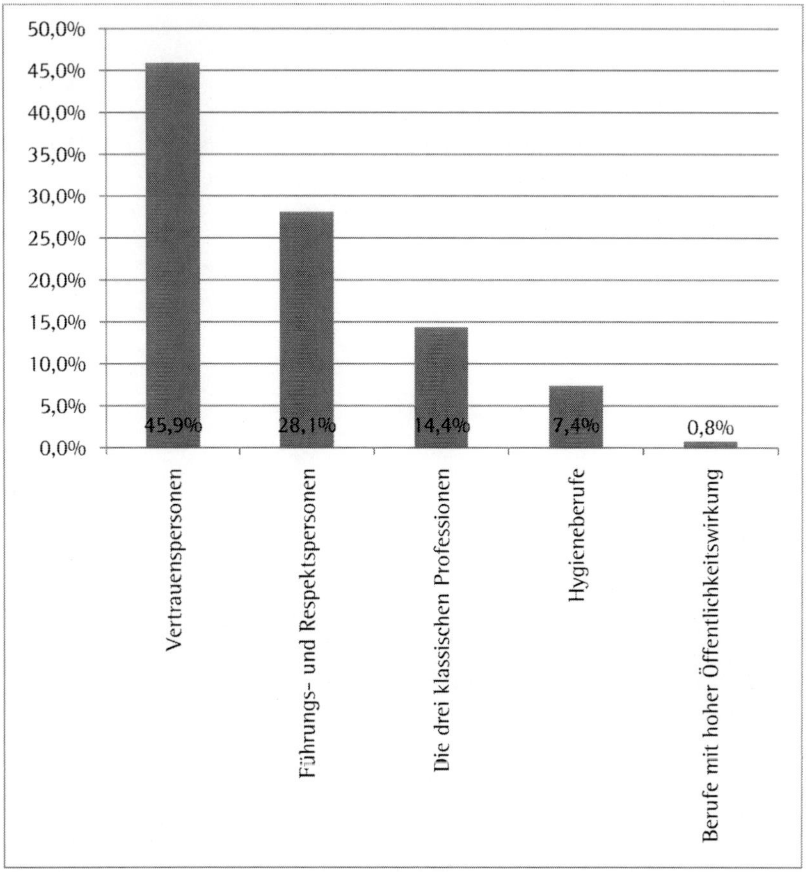

Abbildung 10: Stigmatisierung bestimmter Berufssparten

Absprechen von beruflichen Fähigkeiten ist hierfür nur ein Beispiel. Es kann spekuliert werden, dass sich durch die Diffamierung der nicht tätowierten Bevölkerung gegenüber Tätowierten die Stigmatisierung der Stigmatisierten entwickelt hat. Ein Verschieben der Tätowierung von den Subkulturen in die Mitte der Gesellschaft würde belegen, dass viele Tätowierte ihren Lebensstil als normal und bürgerlich erachten, während die Tätowierung im allgemeinen Verständnis immer noch einzig den Subkulturen zugeschrieben wird. Demzufolge birgt die Tätowierung auch ein Paradoxon der sozialen Dynamik in sich, wie sie bereits in Kapitel 2 diskutiert wurde.

3.3.3.4 Milieubildung

Im Folgenden wird erörtert, dass Tätowierungen ein schichtenübergreifendes Phänomen darstellen. Um dies zu belegen, wird den Untersuchungen ein Milieumodel zugrunde gelegt, dass zum einen Wertorientierungen zum anderen die ‚soziale Schichtung' berücksichtigt (vgl. dazu ausführlicher Kapitel 3.2.3).

Wie häufig die befragten Personen bis zum 27. Lebensjahr bestimmten Milieus zuzuordnen sind, kann der Tabelle 38 entnommen werden.

Tabelle 38: Milieubildung

Schulabschluss	TypA	TypBI	TypBB	TypBII	TypBC	TypCI	TypCC	TypCII
Hauptschulabschluss	0	15	1	51	6	25	2	16
Realschulabschluss	3	52	12	345	39	122	2	65
Abitur/Fachhochschulreife	1	89	32	501	68	265	17	91

Tabelle 38: Milieubildung

Insgesamt wurden 1.820 Datensätze in die Milieuberechnungen mit einbezogen. In Anlehnung an die Grafik von Sinus Soziovision wird anschließend das ‚Milieumodel der Tätowierten nach Daniel Meier' (Abb.11) mit CorelDraw12 und Adobe Photoshop 7 erstellt.

Die stärkste Gruppe bilden die ‚Postmaterialisten' mit 30,28 % gefolgt von den ‚Performern' (26,15 %) und den ‚Hedonisten' (23,36 %). Die ‚Experimentalisten' sind in der Grafik mit 10,03 % vertreten, die ‚Bürgerlichen' mit 8,96 %, die ‚Konsum-Materialisten' mit 0,85 %, gefolgt von den ‚Traditionalisten' (0,21 %) (vgl. dazu auch Kapitel 2.5).

Im Folgenden werden die drei in diesem Milieumodell der Tätowierten am stärksten vertretenen Gruppen näher erläutert.

Die ‚Postmaterialisten' zeichnen sich durch das Entdecken von Neuem und authentischen Verhaltensweisen aus. Dabei versuchen sie stets, eine richtige und starke Position zu finden und neue Denkformen zu entwickeln.

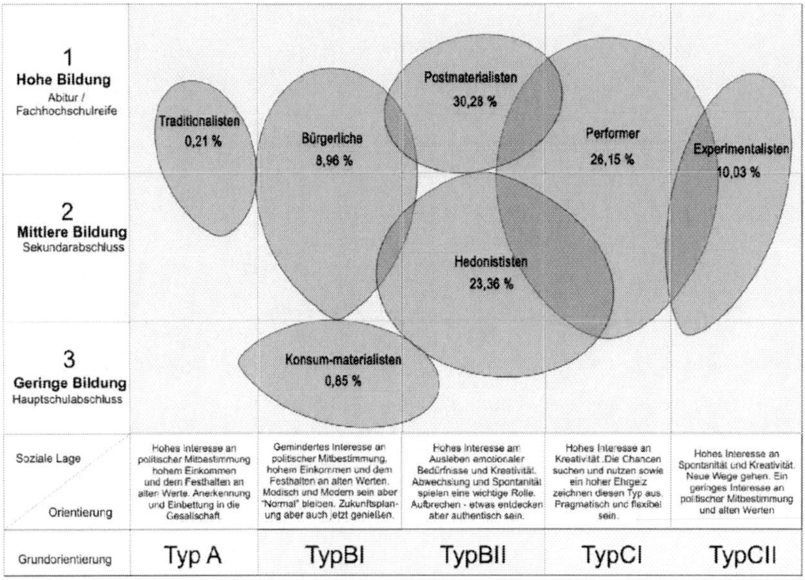

Abbildung 11: Milieumodell Tätowierter nach Daniel Meier

Die ‚Performer' sehen es als ihr Ziel, Etappensiege zu feiern, und demnach im Leben schneller als andere Lebensziele zu erreichen. Bei diesem Vorhaben setzen sie verstärkt auf nützliche Kontakte und sind stets flexibel.

‚Hedonisten' wollen sich vor allem von der breiten Masse absetzen und versuchen dabei ein möglichst selbst definiertes Leben zu führen. Dies gelingt ihnen jedoch nicht immer und so pendeln sie zwischen den Refugien der Fremd- und Selbstbestimmung.

Aus der Grafik des Milieumodells lässt sich erkennen, dass unter den befragten tätowierten Menschen alle gesellschaftlichen Milieus vertreten sind und sich somit die eingangs angestellte Hypothese der Tätowierung als schichten- und milieuverbindendes Phänomen bestätigen lässt. Ebenfalls zeigt sich an den drei am stärksten vertretenen Gruppen, dass Tätowierungen vor allem in der ‚Mitte der Gesellschaft' zu finden sind. Die Mehrheit (56,2 %) der tätowierten Befragten verfügt über den höchsten Schulbildungsabschluss. Lediglich 0,3 % können keinen Schulabschluss vorweisen.

Ohne weiter auf die Milieus der befragten Personen eingehen zu wollen, ist festzustellen, dass die an der Umfrage beteiligten Personen verschiedenen (Berufs-) Gruppen – vom ALG II-Empfänger bis zum Arzt, vom Fabrikarbeiter bis zum Rechtsanwalt – angehören. Dies ist ein weiterer Aspekt, der auf das schichtenverbindende Phänomen Tätowierung verweist und darüber hinaus die Präsenz des Tattoos ‚quer' durch gesellschaftliche Schichten aufzeigt.

Dass ein Rückschluss von Tätowierungen auf gesellschaftliche Randgruppen nicht diskutabel ist, stellt sich schon anhand der oben aufgeführten Milieuübersicht dar. Jedoch lässt sich dies auch anhand der Szenenzugehörigkeit beweisen. Bei dieser Frage antworteten 2.708 Personen, von denen 1.388 (51,3 %) angaben, keiner speziellen Szene anzugehören (vgl. A 3.3)[4].

3.3.4 Diskussion der Ergebnisse

Im Folgenden werden die zu untersuchenden Fragestellungen sowie offene Punkte dieses Forschungsvorhabens kurz diskutiert. Eine kritische Stellungnahme sowie der Bezug zu bereits durchgeführten Studien leiten zur Zusammenfassung der Studie und zum Ausblick über.

3.3.4.1 Zusammenfassende Diskussion der Ergebnisse

Die Motivation zu einem Tattoo konnte durch diese Studie herausgestellt werden. Es lässt sich festhalten, dass die Tätowierung als Körperschmuck die Hauptintention in der Moderne zu einem Tattoo darstellt. Darüber hinaus zählen die Markierungen eines Lebensabschnitts sowie das Betonen der Individualität zu den Hauptmotivationen, sich eine Tätowierung anfertigen zu lassen. Die mehrere tausend Jahre alte Tradition der Tätowierung findet demnach nach Jahrzehnten des Ausdrucks von Protest und Rebellion (vgl. Feige 2003, S. 132 f.) in der Moderne wieder zu ihren elementaren Wurzeln zurück (vgl. Oettermann 1979, S. 12; vgl. Stirn 2003, S. 7).

Als Resultat der Studie kann auch festgesetzt werden, dass die eingangs aufgestellte Hypothese der Diskriminierung tätowierter Menschen in der Moderne durch die Studie bewiesen werden konnte. Auffallend dabei er-

[4] Die Diskrepanz im Balkendiagramm A 3.3 zu den prozentualen Angaben im Fließtext ergibt sich durch die Möglichkeit der Mehrfachantwortmöglichkeit.

scheint, dass viele Tätowierte despektierliche Äußerungen und Darstellungen in den Medien nicht mehr als diskriminierend werten, sondern dies scheinbar als selbstverständlich akzeptieren. Dies zeigt sich vor allem an lediglich einer abgegebenen Äußerung zu diesem Aspekt, dem etliche diskriminierende Medienberichte gegenüberstehen (vgl. Abb. 8 in Kap. 3.3.3.2). Deutliche Diskriminierungserfahrungen traten jedoch auf der Ebene persönlicher Erfahrungen zum Vorschein.

Die Ergebnisse verhalfen auch dazu, die These von der ‚Stigmatisierung der Stigmatisierten' zu belegen. Diskriminierung und Exklusion findet demzufolge auch unter tätowierten Menschen statt. Dabei sprechen die Tätowierten bestimmten Berufsgruppen das Recht ab, ihren Körper durch Tätowierungen an sichtbaren Körperstellen zu verändern. Ob sich diese Exklusion innerhalb der Gruppe tätowierter Menschen durch die Stigmatisierung der nicht tätowierten Gesellschaftsmitglieder sowie aufgrund der Historie der Tätowierung entwickelte, kann in dieser Publikation nur vermutet werden (vgl. dazu die Argumentation in Kapitel 2).

Die Tätowierung konnte vom abweichenden Verhalten abgegrenzt werden, und es konnte der Beweis erbracht werden, dass tätowierte Menschen in der Moderne nicht nur Teil aller Milieugruppen sind, sondern vielmehr die ‚Mitte der Gesellschaft' bilden.

Dies zeigt das enorme Potenzial der Tätowierung auf, Menschen verschiedener sozialer Milieus – im Sinne des LUHMANNschen Kommunikationssystems – miteinander zu vernetzen.

3.3.4.2 Kritische Auseinandersetzung mit der Forschung

Die Ergebnisse dieser Studie beruhen auf einer (willkürlichen) Stichprobe von 2.733 tätowierten Personen unter mehreren Millionen tätowierter Menschen in Deutschland. Sie können daher nicht den Anspruch auf Repräsentativität erheben.

Dennoch lässt sich herausstellen, dass die Anzahl der Teilnehmer die erwarteten Rückläufe weit übertroffen hat und die erforschten Erkenntnisse durchaus als aussagekräftig für das Kollektiv tätowierter Menschen angesehen werden können.

Kritisiert werden kann an dieser Studie, dass aufgrund der hohen Fallzahl die Rückläufe zu den offenen Fragen, wie z. B. die Frage nach den Berufen, lediglich in Form von Auszügen erfasst werden konnten. Ebenso war die Möglichkeit gegeben, dass eine Person mehrfach den Fragebogen ausfüllte, da eine Erfassung der IP-Adresse der jeweiligen Computer nicht möglich war. Dies könnte zu Verzerrungen der Ergebnisse geführt haben. Dennoch wird vermutet, dass dies höchstens in Einzelfällen vorkam.

3.3.4.3 Anschluss an bereits durchgeführte Studien

Die Forschungsergebnisse können Anschluss an zuvor durchgeführte Studien liefern und diese teils bestätigen, aber auch widerlegen.

Die eingangs angesprochene These des Mediziners Cesare Lombroso vom „Homo Delinquens“ (vgl. Oettermann 1979, S. 64) konnte ‚falsifiziert‘ werden. In der Moderne sind in Deutschland lebende tätowierte Menschen in allen sozialen Schichten und Milieus anzutreffen. Ebenso widerlegt dieser Aspekt die Aussagen der Psychologen Earls und Hester (vgl. Kächelen 2004, S. 44), die herausstellten, dass Tätowierungen auf die soziale Herkunft des Trägers schließen lassen.

Direkte Vergleiche zu der im Jahre 2003 durchgeführten Studie von Aglaija Stirn lassen sich nicht ziehen, da in der Arbeit von Cherdron nicht immer zwischen Piercing und Tätowierung differenziert wird (Cherdron 2006). Dennoch zeigt sich auch hier, dass die Motivation zu einer Tätowierung sich geschlechtsspezifisch unterscheidet. In der Studie von Stirn stellte sich heraus, dass Frauen sich vor allem aus Gründen der Schönheit einer Bodymodifikation unterziehen (vgl. Cherdron 2006, S. 39). Dies konnte auch in dieser Studie am Beispiel der Tätowierung bestätigt werden. Laut Cherdron stellt der ausschlaggebende Aspekt zu einer Körpermodifikation bei Männern der Gruppendruck dar (vgl. Cherdron 2006, S. 39). Diese Erkenntnis deckt sich dagegen nicht mit den in dieser Studie erarbeiteten Ergebnissen.

4 Zusammenfassung und Ausblick

Zielsetzung dieser Studie war es, die Diskriminierung und die Exklusion tätowierter Menschen in der Moderne aufzuzeigen. Trotz einer langen Tätowiertradition in Deutschland (vgl. Finke 1996, S. 32) und einer mehrere tausend Jahre alten Tätowiergeschichte sind Tätowierte hierzulande immer noch nicht vollständig gesellschaftlich akzeptiert, sondern werden zum Teil durch gezielte Stigmatisierung an den Rand der Gesellschaft gedrängt – und dies, obwohl Tätowierungen, wie die Befragungsergebnisse zeigen, in allen ‚Schichten' und Milieus der Gesellschaft vorzufinden sind und sich eine Beschränkung auf die Zugehörigkeit zu Gegenkulturen empirisch nicht bestätigen lässt.

Auch eine Abgrenzung der Tätowierung vom abweichenden Verhalten konnte in dieser Studie erarbeitet werden. Inwieweit die Historie der Zwangstätowierung (vgl. Oettermann 1979, S. 104; vgl. Finke 1996, S. 159 f.) sowie das Tätowierverbot des Papsts Adrian I, (vgl. Stirn 2003, S. 8) und veraltete Literatur, die kursorisch ohne Überprüfung zitiert wird (vgl. Kächelen 2004, S. 31), für die Diskriminierungsprozesse verantwortlich sind, kann nur vermutet werden (vgl. Kapitel 2).

Die Diskriminierung tätowierter Menschen scheint, betrachtet man die Forschungsergebnisse dieser Studie, zu vielen tiefgreifenden Erlebnissen bzw. Erfahrungen zu führen, die psychische Wunden hinterlassen können. Ebenso lässt sich feststellen, dass ein großer Drang nach Richtigstellung von Vorurteilen durch die befragten Personen zum Ausdruck gebracht wird, damit zukünftig eine uneingeschränkte Inklusion von tätowierten Menschen gelingen kann. Dieses Anliegen tätowierter Menschen zeigt sich vor allem in der hohen Beteiligung an der Online-Befragung, aber auch an den beigefügten Anmerkungen am Ende des Erhebungsinstrumentes (vgl. dazu das Eingangswort).

Diese Publikation ist als erste empirische Erhebung zu der Thematik der Exklusion tätowierter Menschen zu betrachten, die auch die Obsession für die Soziale Arbeit in sich trägt, der vorherrschenden Diffamierung gegenüber Tätowierten in Form von Publikationen auf Makroebene entgegenzutreten. Ein Erschließen des Arbeitsraums ‚Exklusion tätowierter Menschen' durch die Soziale Arbeit könnte eine tolerantere Zukunft für tätowierte Menschen bedeuten und ist aus Sicht des Autors zu befürworten.

Zu überdenken gilt es auch, dass in sozialen Arbeitsfeldern Begrifflichkeiten oft so beschnitten werden, dass bspw. tätowierte Menschen nicht auf die Grundsätze des Diversity Ansatzes oder des Diversity Management hoffen dürfen. Aus Sicht des Autors sollte gerade in Bereichen, die sich mit der Diskriminierung und Diffamierung befassen, Ansätze so aufgebaut werden, dass sie auf Offenheit und Zugänglichkeit verweisen und keine exklusiven Charaktere annehmen, wie dies im Diversitätsansatz der Fall ist.

Zudem wurde am Phänomen der Tätowierung deutlich, welche Bedeutung gesellschaftlichen Normen – trotz Individualisierungs-, Pluralisierungs- und Differenzierungsprozesse in der Moderne – zukommt. Auch für andere gesellschaftliche Bereiche wird zukünftig ein wesentlicher Aspekt darauf liegen, inwieweit gesamtgesellschaftliche Vorstellungen veränderbar sind.

Literaturverzeichnis

ADATTO, M. (1993): Lebendige Haut: Schmucktätowierungen und Dermatologie. Basel/Schweiz.

ATTESLANDER, P. (2008): Methoden der empirischen Sozialforschung. 12. Aufl. Berlin.

BAUMANN, K. (2006): Warum lassen Menschen sich heute tätowieren? Und warum werden es immer mehr? Einige Notizen und Forschungssplitter. In: Baumann, K., Stöver, H. (Hg.): Tätowierungen im Strafvollzug. Hafterfahrungen, die unter die Haut gehen. Band 13. Oldenburg 2006, S. 13–38.

BAUMGARDT, M. (2000): Web Design kreativ! 3. Aufl. Berlin, Heidelberg.

BECK, U. (1986): Risikogesellschaft. Auf dem Weg in eine andere Moderne. Frankfurt am Main.

BIERMANN, B. (2007): Soziologische Grundlagen der Sozialen Arbeit. München.

BISCHOF, K. (2006): Tätowierungen in Subkulturen. Hintergründe - Ausdrucksformen - Bedeutung in der sozialen Arbeit. Saarbrücken.

BÖHNE, S. (2009): Schmerzhafte Trennung. In: Stern. Nr. 31 (23.07.2009), S. 100.

BÖHNISCH, L. (1999): Abweichendes Verhalten. Eine pädagogisch- soziologische Einführung. Weinheim, München.

BÖHNISCH, L. (2006): Abweichendes Verhalten. Eine pädagogisch-soziologische Einführung. 3. Aufl. Weinheim, München.

BREMER, H. (2007): Soziale Milieus, Habitus und Lernen. Zur sozialen Selektivität des Bildungswesens am Beispiel der Weiterbildung. Weinheim, München.

Bühl, A., Zöpfel, P. (2005): SPSS 12. Einführung in die moderne Datenanalyse unter Windows. 9. Aufl. München.

Cherdron, A. (2006): Untersuchung psychologischer Hintergründe und der Beeinflussung des Identitäts- und Körpergefühls bei tätowierten und gepiercten Personen unter besonderer Betrachtung von Geschlechtsunterschieden. Frankfurt am Main.

Duncker, C. (2000): Verlust der Werte? Wertewandel zwischen Meinungen und Tatsachen. Wiesbaden.

Ebertz, M. M. (2009): Resonanz und Distanz: Jugendliche und ihr Verhältnis zu Politik, Bildung, Freizeit und Religion. Einige Ergebnisse der neuen Sinus-Jugendstudie. Aus: http://www.milieus-kirche.de/dokumente/U27-BDKJ-Milieus-Kurzfassung-Ebertz.pdf. vom 12.06.2009

Feige, M. (2003): Ein Tattoo ist für immer. Die Geschichte der Tätowierung in Deutschland. Berlin.

Finke, F.-P. (1996): Tätowierungen in modernen Gesellschaften. Osnabrück.

Friedrich, M. (1993): Tätowierungen in Deutschland. Eine kultursoziologische Untersuchung in der Gegenwart. Würzburg.

Gaber, O. (1999): Medizinische Forschungen am Mann aus dem Eis am Institut für Anatomie der Universität Innsbruck. In: Südtiroler Archäologiemuseum (Hg.): Die Gletschermumie aus der Kupferzeit. Neue Forschungsergebnisse zum Mann aus dem Eis. Bozen, Wien 1999, S. 39–44.

Gassl, S. (2008): Diskriminierung aus Sicht der Betroffenen: Individuelle Bewältigung und soziale Identität. Bielefeld.

Habermas, J. (1981): Theorie des kommunikativen Handelns. Bd. 2: Zur Kritik der funktionalistischen Vernunft. Frankfurt am Main.

Hell, B. P. (1996): Die Tatauierung (Tätowierung) in Nordasien und in Nordamerika. München.

Heller, K., Rosemann, B. (1981): Planung und Auswertung empirischer Untersuchungen. Eine Einführung in die Wissenschaftsmethodik und Forschungsstatistik für Pädagogen, Psychologen und Soziologen. Stuttgart.

Hollaus, M. (2007): Der Einsatz von Online-Befragungen in der empirischen Sozialforschung. Aachen.

Jäger, W., Meyer, H.-J. (2003): Sozialer Wandel in soziologischen Theorien der Gegenwart. Wiesbaden.

Kaase, M. (1999): Qualitätskriterien der Umfragenforschung. Quality Criteria for Survey Research. Berlin.

Kächelen, W.-P. (2004): Tatau und Tattoo. Eine Epigraphik der Identitätskonstruktion. Aachen.

Kasten, E. (2006): Body-Modifikation. Psychologische und medizinische Aspekte von Piercing, Tattoo, Selbstverletzung und anderen Körperveränderungen. München.

Krause, D. (2001): Luhmann Lexikon. Eine Einführung in das Gesamtwerk von Niklas Luhmann. 3. Aufl. Stuttgart.

Kruckartz, U., Ebert, T., Rädiker, S., Stefer, C. (2009): Evaluation Online. Internetgestützte Befragung in der Praxis. Wiesbaden.

Kuhn, O., Reinwarth, A., Fröhlich, A. (2007): Arschgeweih. Das wahre Lexikon der Gegenwart. Berlin.

Lamnek, S. (2007): Theorien abweichenden Verhaltens. Eine Einführung für Soziologen, Psychologen, Juristen, Politologen, Journalisten und Sozialarbeiter. 8., überarb. Aufl. München.

May, A. T., Kohnen, T. (2006): Körpermodifikation durch Piercing: Normalität, Subkultur oder Modetrend? In: Zentrum für Medizinische Ethik; Heft 167, Mai 2006. Bochum.

MEIER, D. (2008): Tattoo-Befragung.de. Projektbeschreibung. Aus: http://www.tattoobefragung.de/projektbeschreibung.html vom 21.12.2008.

MERTEN, R. (2004): Inklusion/Exklusion und Soziale Arbeit. Überlegungen zur aktuellen Theoriedebatte zwischen Bestimmung und Destruktion. In: Merten R., Scherr A. (Hg.): Inklusion und Exklusion in der Sozialen Arbeit. Wiesbaden 2004, S. 99-118.

MOHASSEB, J. (1994): Die medizinische Tätowierung. Berlin.

MÜLLER, B. (2002): Professionalisierung. In: Thole, W. (Hg.): Grundriss Soziale Arbeit. Opladen 2002, S. 725-742.

OETTERMANN, S. (1979): Zeichen auf der Haut. Die Geschichte der Tätowierung in Europa. Frankfurt am Main.

PORST, R. (2008): Fragebogen. Ein Arbeitsbuch. Wiesbaden.

RADTKE, S. P., PISANI, P., WOLTERS, W. (2001): Visuelle Mediengestaltung. Visuelle Sprache. Gestaltungselemente des Grafik-Design. Konzeption im Webdesign. Berlin.

RAWLS, J. (2003): A theory of justice. 6. Aufl. Cambridge, Massachusetts.

RECH, P. W. (1984): Kunst und Jugend heute. Eine systemtheoretische Anmerkung In: Hein, P. U. (Hg.) Künstliche Paradise der Jugend. Zur Geschichte und Gegenwart ästhetischer Subkultur. Münster, S. 152 – 158.

REUTER-CALERO VALDEZ, M. E. T. (1984): Tätowierung – ein psychosoziales Problem. Möglichkeiten der Entfernung. Aachen.

RUTS, O., SCHULER, A. (2002): Bilderbuchmenschen. Tätowierte Passionen. Portraitiert und photographiert von Herbert Hoffmann. Berlin.

SCHERR, A. (2004): Exklusionsindividualität, Lebensführung und Soziale Arbeit. In: Merten, R., Scherr A. (Hg.): Inklusion und Exklusion in der Sozialen Arbeit. Wiesbaden, S. 55–74.

SCHMIDT-WELLENBURG, C. (2005): Evolution und sozialer Wandel. Neodarwinistische Mechanismen bei W.G. Runiciman und N. Luhmann. Opladen.

SCHWENDTER, R. (1973): Theorie der Subkultur. Neuausgabe mit einem Nachwort, sieben Jahre später. Frankfurt am Main.

SIDLER, N. (1989): Am Rande leben, abweichen, arm sein. Konzepte und Theorien zu sozialen Problemen. Freiburg im Breisgau.

SPINDLER, K. (1993): Der Mann im Eis. Die Ötztaler Mumie verrät die Geheimnisse der Steinzeit. München.

STIRN, A. (2003): Körperkunst und Körpermodifikation: Interkulturelle Zusammenhänge eines weltweiten Phänomens. In: Psychosozial; 26. Jahrgang 94 (2003) 4, S. 7–13.

THEOBALD, A. (2000): Das Word Wide Web als Befragungsinstrument. Mit Gleitworten von Prof. Dr. Silberer und Prof. Dr. Friedhelm Bliemel. Scheßlitz.

WELKER, M., MATZAT, U. (2009): Online-Forschung: Gegenstände, Entwicklung, Institutionalisierung und Ausdifferenzierung eines neuen Forschungszweiges. In: Jakob, N., Schoen, H., Zerback, T. (Hg.): Sozialforschung im Internet. Methodologie und Praxis der Online-Befragung. Wiesbaden, S. 33–48.

WIPPERMANN, C., CALMBACH, M. 2007: Sinus Milieustudie U27. Wie ticken Jugendliche? Heidelberg.

ZANKL, H. L. (1969): Erfolgreich plakatieren. Ein Brevier der sinnvollen Außenwerbung. Düsseldorf, Wien.

Anlagen

Anhang 1: Ergänzende Tabellen zum Sample

A 1.1: Geschlecht

		Häufigkeit	Prozent	Gültige Prozente	Kumulierte Prozente
Gültig	weiblich	1.746	63,9	64,5	64,5
	männlich	961	35,2	35,5	100,0
	Gesamt	2.707	99,0	100,0	
Fehlend	System	26	1,0		
Gesamt		2.733	100,0		

A 1.2: Alter

	Lebensjahre	Häufigkeit	Prozent	Gültige Prozente	Kumulierte Prozente
Gültig	15	1	,0	,0	,0
	16	5	,2	,2	,2
	17	19	,7	,7	,9
	18	99	3,6	3,6	4,5
	19	146	5,3	5,3	9,9
	20	266	9,7	9,7	19,6
	21	292	10,7	10,7	30,3
	22	311	11,4	11,4	41,7
	23	249	9,1	9,1	50,8
	24	202	7,4	7,4	58,2
	25	212	7,8	7,8	65,9
	26	171	6,3	6,3	72,2
	27	133	4,9	4,9	77,1
	28	105	3,8	3,8	80,9
	29	99	3,6	3,6	84,5
	30	79	2,9	2,9	87,4
	31	58	2,1	2,1	89,5
	32	36	1,3	1,3	90,9
	33	35	1,3	1,3	92,1
	34	19	,7	,7	92,8
	35	29	1,1	1,1	93,9
	36	20	,7	,7	94,6
	37	17	,6	,6	95,2
	38	16	,6	,6	95,8
	39	18	,7	,7	96,5
	40	19	,7	,7	97,2
	41	12	,4	,4	97,6
	42	16	,6	,6	98,2

43	13	,5	,5	98,7
44	9	,3	,3	99,0
45	7	,3	,3	99,3
46	1	,0	,0	99,3
47	3	,1	,1	99,4
48	1	,0	,0	99,5
49	3	,1	,1	99,6
50	3	,1	,1	99,7
51	3	,1	,1	99,8
52	3	,1	,1	99,9
54	1	,0	,0	99,9
59	1	,0	,0	100,0
62	1	,0	,0	100,0

Anhang 2: Ergänzende Tabellen; geschlechtsspezifisch unterschiedene Daten

A 2.1: Kinder

		Häufigkeit	Prozent	Gültige Prozente	Kumulierte Prozente
Gültig	Keine Kinder	2.373	86,8	87,6	87,6
	Ein/mehrere Kinder	336	12,3	12,4	100,0
	Gesamt	2.709	99,1	100,0	
Fehlend	System	24	,9		
Gesamt		2.733	100,0		

A 2.2: Alter beim ersten Tattoo

Lebensjahre	13	14	15	16	17
weiblich	9	30	53	153	145
männlich	4	8	19	36	64
Lebensjahre	18	19	20	21	22
weiblich	475	212	181	127	84
männlich	219	116	107	81	73
Lebensjahre	23	24	25	26	27
weiblich	79	47	44	27	17
männlich	24	36	37	25	17
Lebensjahre	28	29	30 - 39	40 - 49	50 - 59
weiblich	13	9	29	11	1
männlich	22	10	52	9	2

A 2.3: Entscheidung zum Tattoo

		Häufigkeit	Prozent	Gültige Prozente	Kumulierte Prozente
Gültig	Immer durchdacht	1.739	63,6	63,8	63,8
	In der Regel durchdacht	789	28,9	28,9	92,7
	Immer spontan	70	2,6	2,6	95,3
	In der Regel spontan	129	4,7	4,7	100,0
	Gesamt	2.727	99,8	100,0	
Fehlend	System	6	,2		
Gesamt		2.733	100,0		

A 2.4: Motivwahl

	Old- bzw. Newschool	Realistik	Fantasy / Horror	Flowers
weiblich	393	105	189	540
männlich	332	129	225	54
	Small	Ornament	Lettering	Asian
weiblich	445	621	407	257
männlich	88	332	255	264
	Biomechanik	Sonstiges	Ohne Zuordnung	
weiblich	8	499	20	
männlich	77	290	14	

A 2.5: Tätowierte Körperpartien

	Kopf	Hals	Nacken	Schulterblatt	Schulter
weiblich	51	43	240	414	245
männlich	18	37	90	244	289
	Oberarm	Ellenbogen	Unterarm	Handgelenk	Hand
weiblich	353	59	166	227	22
männlich	601	146	246	110	26
	Brust	Rippenbogen	Bauch	Rücken	Hüfte
weiblich	145	201	216	574	241
männlich	242	110	101	270	50
	Leiste	Steiß	Po	Intimbereich	Oberschenkel
weiblich	208	255	45	85	64
männlich	44	31	23	24	74
	Knie	Unterschenkel	Wade	Knöchel	Fuß
weiblich	11	156	202	401	318
männlich	39	165	348	92	54

A 2.6: Anzahl der Tätowierungen

Anzahl der Tätowierungen	Geschlecht		
	weiblich	männlich	Gesamt
1	558	243	801
2	453	187	640
3	297	145	442
4	157	105	262
5	103	63	166
6	66	50	116
7	32	32	64
8	26	20	46
9	12	9	21
10	11	24	35
11	5	14	19
12	5	10	15
13	2	13	15
14	6	5	11
15	2	7	9
17	1	3	4
18	1	2	3
19	0	1	1
20	4	4	8
21	2	2	4
22	0	1	1
23	0	2	2
25	0	1	1
28	0	1	1
30	0	7	7
32	0	1	1
33	1	1	2
35	1	1	2
40	0	2	2
50	1	3	4
100	0	1	1
Gesamt	1.746	960	2.706

A 2.7: Tattoos im Umfeld

A 2.7.1: Tattoos in Familie

Familiäres Umfeld	tätowierte Person/en vorhanden	keine tätowierte Person/en	Kann nicht beantwortet werden
weiblich	1.019	695	27
männlich	502	439	15

A 2.7.2: Tattoos im Freundeskreis

Im Freundeskreis	tätowierte Person/en vorhanden	keine tätowierte Person/en	Kann nicht beantwortet werden
weiblich	1.585	156	2
männlich	879	73	5

A 2.7.3: Tattoos im Bekanntenkreis

Im Bekanntenkreis	tätowierte Person/en vorhanden	keine tätowierte Person/en	Kann nicht beantwortet werden
weiblich	1.640	63	40
männlich	894	41	23

A 2.7.4: Tattoos im Kollegenkreis

Im Kollegenkreis	tätowierte Person/en vorhanden	keine tätowierte Person/en	Kann nicht beantwortet werden
weiblich	1.144	321	274
männlich	681	155	119

A 2.7.5: Tattoos in der Nachbarschaft

In der Nachbarschaft	tätowierte Person/en vorhanden	keine tätowierte Person/en	Kann nicht beantwortet werden
weiblich	617	274	849
männlich	356	172	426

A 2.8: Beurteilung der Entscheidung zur Tätowierung

	Bereuen die Entscheidung	Bereuen nicht, aber würden sich nicht mehr tätowieren lassen	Würden sich wieder tätowieren lassen
weiblich	13	42	1.681
männlich	2	25	930

A 2.9: Parameter bei der Wahl des Tätowierers

A: 2.9.1: Ansprechendes Studio

ansprechendes Studio	sehr wichtig	wichtig	weniger wichtig	unwichtig
weiblich	1.210	457	69	7
männlich	533	331	72	23

A: 2.9.2 Entfernung zum Studio

Entfernung zum Studio	sehr wichtig	wichtig	weniger wichtig	unwichtig
weiblich	100	420	953	266
männlich	50	214	489	205

A 2.9.3: Sympathie zum Tätowierer

Sympathie zum Tätowierer	sehr wichtig	wichtig	weniger wichtig	unwichtig
weiblich	1.276	425	40	3
männlich	604	316	35	6

A 2.9.4: Gute Qualität der Arbeit

Gute Qualität der Arbeit	sehr wichtig	wichtig	weniger wichtig	unwichtig
weiblich	1.711	28	1	1
männlich	928	25	1	1

A 2.9.5: Kurze Wartezeit bis zum Termin

Kurze Wartezeit bis zum Temin	sehr wichtig	wichtig	weniger wichtig	unwichtig
weiblich	60	278	986	408
männlich	31	156	455	310

A 2.9.6: Kompetenz des Tätowierers

Kompetenz des Tätowierers	sehr wichtig	wichtig	weniger wichtig	unwichtig
weiblich	1.661	73	3	3
männlich	890	65	3	1

A 2.9.7: Preisgünstige Arbeit

Preisgünstige Arbeit	sehr wichtig	wichtig	weniger wichtig	unwichtig
weiblich	46	354	954	379
männlich	29	167	469	292

A 2.10: Qualifikation des Tätowierers beim ersten Tattoo

	Profiarbeit	von Freund/in oder Bekannte/n angefertigt	selbst angefertigt
weiblich	1.632	57	56
männlich	873	45	43

Anhang 3: Ergänzende Tabellen zu Hauptfragestellungen der Studie

A 3.1: Motivation zur Tätowierung

A 3.1.1: Vorbilder

Vorbilder	voll zutreffend	teilweise zutreffend	nicht zutreffend
weiblich	35	332	1376
männlich	36	244	669

A 3.1.2: Gruppendruck

Gruppendruck	voll zutreffend	teilweise zutreffend	nicht zutreffend
weiblich	4	17	1.705
männlich	1	17	930

A 3.1.3: Zeichen der Unabhängigkeit / des Erwachsenwerdens

Zeichen der Unabhängigkeit / des Erwachsenwerdens	voll zutreffend	teilweise zutreffend	nicht zutreffend
weiblich	63	482	1.180
männlich	45	255	645

A 3.1.4: Individualisierung

Individualisierung	voll zutreffend	teilweise zutreffend	nicht zutreffend
weiblich	455	840	440
männlich	307	456	192

A 3.1.5: Neugier, Mutprobe, Grenzerfahrung

Neugier, Mutprobe, Grenzerfahrung	voll zutreffend	teilweise zutreffend	nicht zutreffend
weiblich	75	457	1.193
männlich	43	268	636

A 3.1.6: Zeichen von Protest / Rebellion

Zeichen von Protest / Rebellion	voll zutreffend	teilweise zutreffend	nicht zutreffend
weiblich	56	312	1.354
männlich	66	221	661

A 3.1.7: Zeichen eines Lebensabschnitts

Zeichen eines Lebensabschnitts	voll zutreffend	teilweise zutreffend	nicht zutreffend
weiblich	695	565	476
männlich	331	352	267

A 3.1.8: Zeichen der Körperkontrolle

Zeichen der Körperkontrolle	voll zutreffend	teilweise zutreffend	nicht zutreffend
weiblich	121	380	1215
männlich	87	253	591

A 3.1.9: Betonung der Weiblichkeit / Männlichkeit

Betonung der Weiblichkeit / Männlichkeit	voll zutreffend	teilweise zutreffend	nicht zutreffend
weiblich	252	465	1.010
männlich	49	216	675

A 3.1.10: Liebe bzw. Liebeskummer

Liebe bzw. Liebeskummer	voll zutreffend	teilweise zutreffend	nicht zutreffend
weiblich	87	200	1.438
männlich	42	92	802

A 3.1.11: Sexuelle bzw. erotische Gründe

sexuelle bzw. erotische Gründe	voll zutreffend	teilweise zutreffend	nicht zutreffend
weiblich	54	256	1.414
männlich	24	141	777

A 3.1.12: Religiöse Gründe

religiöse Gründe	voll zutreffend	teilweise zutreffend	nicht zutreffend
weiblich	19	60	1.630
männlich	30	62	848

A 3.1.13: Spirituelle Gründe

spirituelle Gründe	voll zutreffend	teilweise zutreffend	nicht zutreffend
weiblich	153	301	1.240
männlich	105	202	629

A 3.1.14: Bodyart

Bodyart /Tattoo als Körperschmuck	voll zutreffend	teilweise zutreffend	nicht zutreffend
weiblich	944	504	277
männlich	528	275	145

A 3.1.15: Selbststigmatisierung

Selbststigmatisierung	voll zutreffend	teilweise zutreffend	nicht zutreffend
weiblich	99	310	1302
männlich	82	213	639

A 3.2: Diskriminierung

	Diskriminierung	keine Diskriminierung
weiblich	309	1.432
männlich	195	762

A 3.3: Szenen bzw. Subkulturen

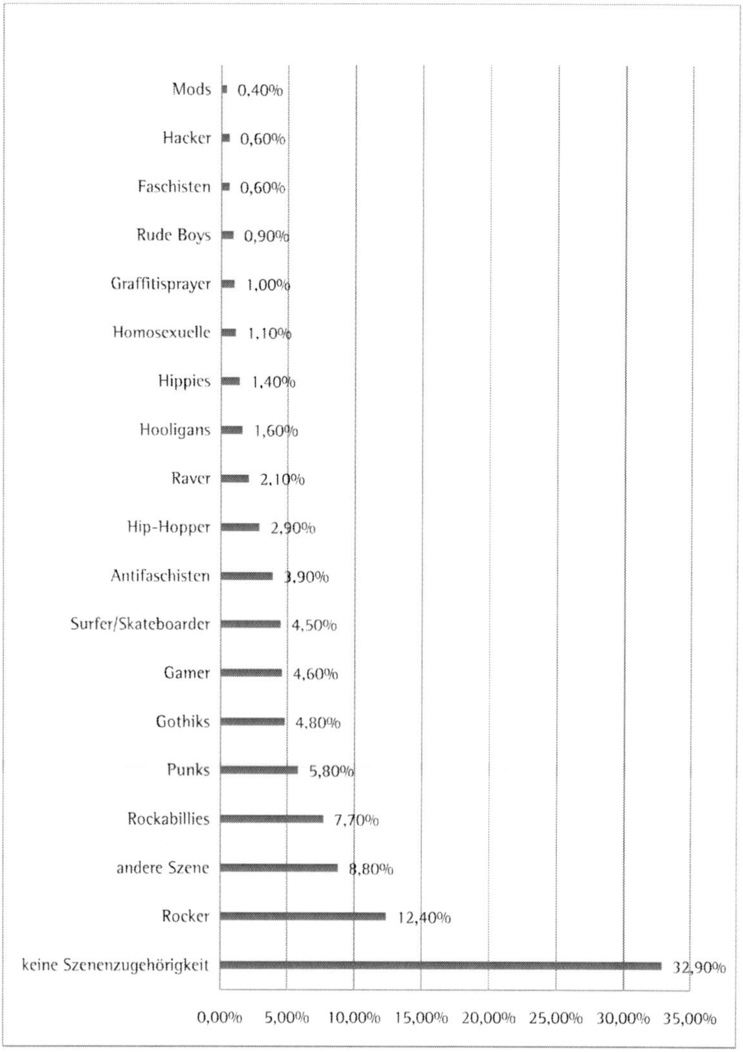

Anhang 4: Verdeutlichende Darstellungen der Tattookategorien

A 4.1: Oldschool

aus: Tatto Spirit 2008, Ausg. 36, S. 42

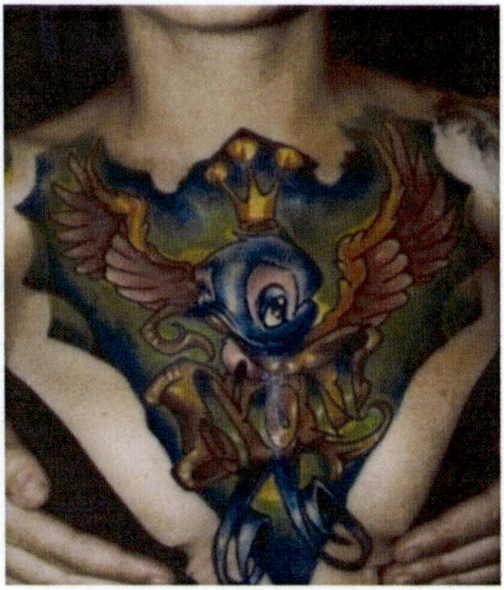

A 4.2: Newschool

aus: Tätowiermagazin 12/2008, S. 56

A 4.3: Realistik

aus: Tätowiermagazin 9/2009, S. 54

A 4.4: Horror

aus: Tätowiermagazin 08/2009, S. 50.

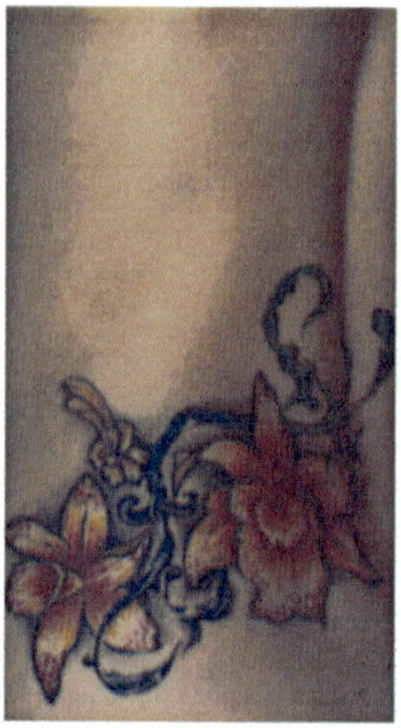

A 4.5: Flowers

aus: Privat

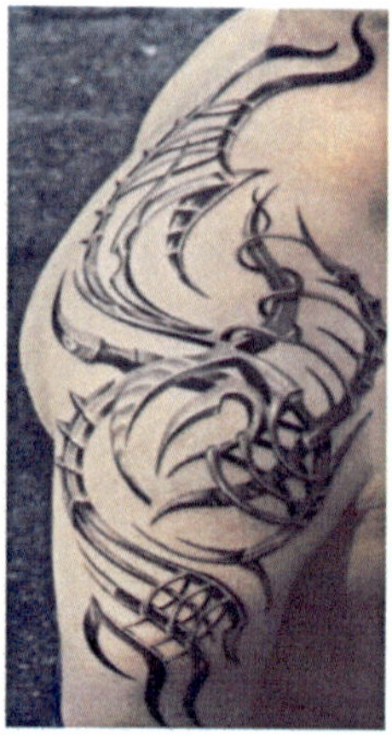

A 4.6: Ornament

aus: Tätowiermagazin 11/2008, S. 63

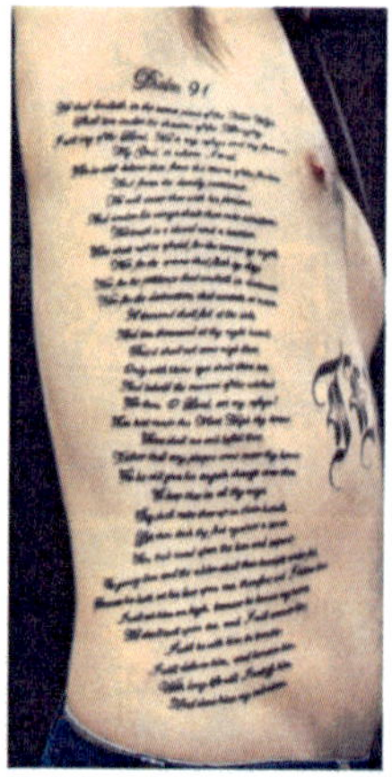

A 4.7: Lettering

aus: Tattoo Scout Ausg. 13 S. 54

A 4.8: Asian

aus: Tätowiermagazin 10/2008, S. 138

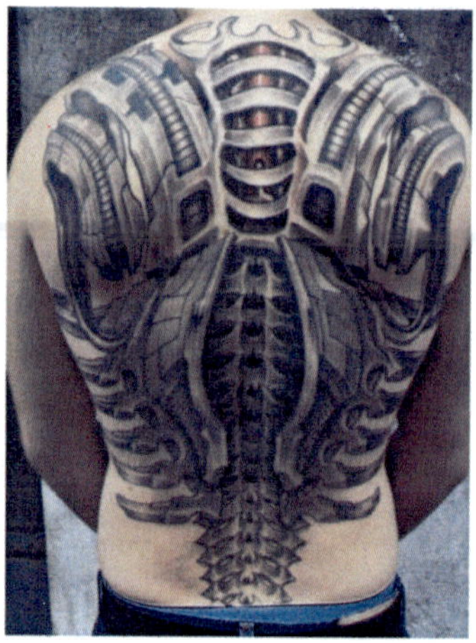

A 4.9: Biomechanik

aus: Tätowiermagazin 03/2009, S. 141